BETHLEHEM: EEN MODERNE KIJK OP DE PALESTIJNSE KEUKEN

100 hedendaagse smaken uit het hart van Palestina

JIP KUIPERS

Auteursrechtelijk materiaal ©2024

Alle rechten voorbehouden

Geen enkel deel van dit boek mag in welke vorm of op welke manier dan ook worden gebruikt of overgedragen zonder de juiste schriftelijke toestemming van de uitgever en eigenaar van het auteursrecht, met uitzondering van korte citaten die in een recensie worden gebruikt. Dit boek mag niet worden beschouwd als vervanging voor medisch, juridisch of ander professioneel advies.

INHOUDSOPGAVE

INHOUDSOPGAVE 3
INVOERING 6
ONTBIJT 7
    1. Musakhan-rollen 8
    2. Vuile Medames (tuinbonen) 10
    3. Za'atar Manakeesh 12
    4. Palestijnse Shakshuka 14
    5. Bagels uit Jeruzalem (Ka'Ak Alquds) 16
    6. Smoothie met yoghurt en dadels 18
    7. Sardine en Aardappelhasj 20
    8. Volledige Medames 22
    9. Maldouf PlatBrood 24
    10. Shakshuka 26
    11. Manoushe (Syrisch platbrood met Za'atar) 28
    12. Ka'ak- brood 30
    13. Fatteh (Syrische ontbijtschotel) 32
    14. Syrische Flatb gelezen 34
    15. Labneh en Za'atar Toast 36
SNACKS EN VOORGERECHTEN 38
    16. Khubz-chips (platbrood). 39
    17. Dadels met amandelen 41
    18. Falafel 43
    19. Spinazie Fatayer 45
    20. Gevulde uien 47
    21. Latkes 50
    22. Geassorteerde dadelschotel 52
    23. Gek 54
    24. Samosa 56
    25. Muhammara (Syrische hete peperdip) 59
    26. Baba Ganoush 62
HOOFDGERECHT 65
    27. Jedra (linzen en rijst) 66
    28. Gevulde Kip (Djaj Mahshi) 68
    29. Gegrilde Kip (Djaj Harari) 71
    30. Kaasjeskruid (Khuzaibah) 73
    31. Gevulde Courgette (Mahshi Kpusa) 75
    32. Gevulde Kool (Mahshi Malfouf) 78
    33. Qalayet Banadora (Tomatenstoofpot) 81
    34. Ingemaakte groene olijven 83
    35. Moussaka 85

36. Linzen- en Pompoensoep 87
37. Pittige Gazaanse vis 89
38. Garnalen Kom 91
39. Spinazie Taarten 93
40. Musakhan 95
41. Tijm Mutabbaq 97
42. Malfouf 99
43. Al Qidra Al Khaliliya 101
44. Rissole: Gehakt 103
45. Mejadra 105
46. Na'ama is dik 108
47. Babyspinaziesalade met dadels en amandelen 110
48. Geroosterde pompoen met za'atar 112
49. Gemengde bonensalade 114
50. Wortelgroentensla met labneh 117
51. Gebakken tomaten met knoflook 119
52. Gebakken bloemkool met tahini 121
53. Tabouleh 124
54. Sabih 127

SOEPEN 130
55. Bissara (tuinbonensoep) 131
56. Shorbat Adas (linzensoep) 133
57. Shorbat Freekeh (Freekeh-soep) 135
58. Shorbat Khodar (groentesoep) 137
59. Bee t Kubbeh (Kubbeh-soep) 139
60. Shorbat Khodar (groentesoep) 142
61. Plantaardige Shurba 144
62. Waterkers -kikkererwtensoep met rozenwater 146
63. Hete yoghurt en gerstsoep 149
64. Pistache soep 151
65. van verbrande aubergine en mograbieh 154
66. Tomaten- en zuurdesemsoep 157

SALADES 159
67. Tomaat-komkommersalade 160
68. Kikkererwtensalade (Salatat Hummus) 162
69. Tabouleh-salade 164
70. Fattoush-salade 166
71. Bloemkool-, bonen- en rijstsalade 168
72. Dadel- en walnotensalade 170
73. Wortel- en sinaasappelsalade 172

NAGERECHT 174
74. Knafeh 175
75. Atayef 177

76. BASBOUSA (REVANI) 179
77. TAMRIYEH (KOEKJES MET DATUMVULLING) 181
78. QATAYEF 183
79. HARISSEH 185
80. SESAM-AMANDELVIERKANTJES 187
81. AWAMEH 189
82. ROZENKOEKJES (QURABIYA) 191
83. BANAAN- EN DADELTAART 193
84. SAFFRAAN-IJS 195
85. CRÈME KARAMEL (MUHALLABIA) 197
86. MAMOUL MET DADELS 199
87. SYRISCHE NAMORA 202
88. SYRISCHE DADELBROWNIES 204
89. BAKLAVA 207
90. HALAWET EL JIBN (SYRISCHE ZOETE KAASBROODJES) 209
91. BASBOUSA (GRIESMEELCAKE) 211
92. ZNOUD EL SIT (SYRISCH ROOMGEVULD GEBAKJE) 213
93. MAFROUKEH (DESSERT VAN GRIESMEEL EN AMANDEL) 215
94. GALETTES VAN RODE PAPRIKA EN GEBAKKEN EIEREN 217
95. KRUIDENTAART 220
96. BUREKAS 223
97. GRAYBEH 226
98. MUTABBAQ 228
99. SHERBAT 231
100. QAMAR AL-DIN-PUDDING 233

CONCLUSIE 235

INVOERING

Ahlan wa sahlan ! Welkom bij "Bethlehem: een moderne kijk op de Palestijnse keuken", een culinaire reis die je uitnodigt om het hart van Palestina te verkennen aan de hand van 100 hedendaagse smaken. Dit kookboek is een eerbetoon aan het rijke culinaire erfgoed, de levendige ingrediënten en de innovatieve technieken die de Palestijnse keuken definiëren. Ga met ons mee op een moderne verkenning van de traditionele smaken die van generatie op generatie zijn doorgegeven.

Stel je een tafel voor die versierd is met aromatische stoofschotels, levendige salades en zoete gebakjes, allemaal geïnspireerd door de diverse landschappen en culturele invloeden van Bethlehem en daarbuiten. "Bethlehem" is niet alleen een verzameling recepten; het is een eerbetoon aan de ingrediënten, technieken en verhalen die de Palestijnse keuken tot een weerspiegeling maken van de geschiedenis, veerkracht en het plezier van gemeenschappelijke maaltijden. Of je nu Palestijnse roots hebt of simpelweg de gedurfde en genuanceerde smaak van het Midden-Oosten waardeert, deze recepten zijn gemaakt om je door de fijne kneepjes van de Palestijnse keuken te leiden.

Van klassieke gerechten als maqluba tot hedendaagse varianten van mezze en inventieve desserts: elk recept is een eerbetoon aan de versheid, kruiden en gastvrijheid die de Palestijnse keuken kenmerken. Of u nu een feestelijke bijeenkomst organiseert of geniet van een gezellige familiemaaltijd, dit kookboek is uw hulpmiddel bij uitstek om de authentieke smaak van Palestina op tafel te brengen.

Ga met ons mee terwijl we de culinaire landschappen van Bethlehem doorkruisen, waar elke creatie een bewijs is van de levendige en diverse smaken die de Palestijnse keuken tot een gekoesterde culinaire traditie maken. Dus trek je schort aan, omarm de geest van Palestijnse gastvrijheid en laten we beginnen aan een heerlijke reis door "Bethlehem: een moderne kijk op de Palestijnse keuken".

ONTBIJT

1.Musakhan-rollen

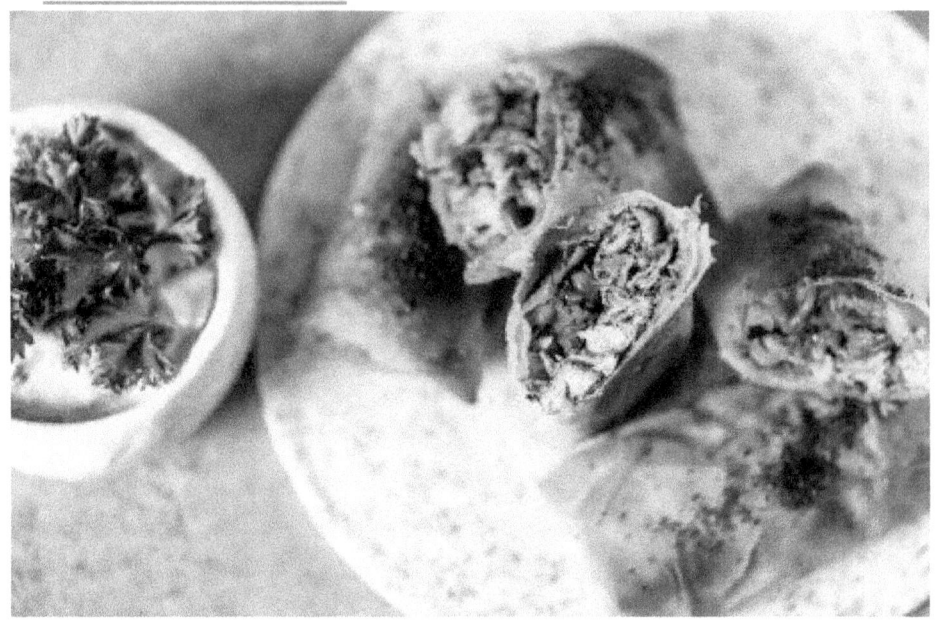

INGREDIËNTEN:
- 2 kopjes geraspte gekookte kip
- 1 grote ui, in dunne plakjes gesneden
- 1/4 kopje sumak
- Olijfolie
- Zout en peper naar smaak
- Platbrood of tortilla's

INSTRUCTIES:
a) Fruit de gesneden uien in olijfolie tot ze gekarameliseerd zijn.
b) Voeg geraspte kip, sumak, zout en peper toe. Kook tot het is opgewarmd.
c) Verwarm de flatbreads, schep het kippenmengsel erop en rol ze uit tot een cilindervorm.

2. Vuile Medames (tuinbonen)

INGREDIËNTEN:
- 2 blikjes tuinbonen, uitgelekt
- 2 teentjes knoflook, fijngehakt
- 1/4 kop olijfolie
- Sap van 1 citroen
- Zout en komijn naar smaak
- Gehakte peterselie ter garnering

INSTRUCTIES:
a) In een pan de knoflook in olijfolie fruiten tot het geurig is.
b) Voeg tuinbonen, citroensap, zout en komijn toe. Kook tot het is opgewarmd.
c) Pureer een aantal bonen met een vork. Serveer gegarneerd met gehakte peterselie.

3.Za'atar Manakeesh

INGREDIËNTEN:
- Pizzadeeg of platbrood
- 1/4 kop za'atar -kruidenmengsel
- 1/4 kop olijfolie
- Sesamzaad (optioneel)

INSTRUCTIES:
a) Verwarm de oven voor. Rol het deeg uit tot een platte cirkel.
b) Meng za'atar met olijfolie om een pasta te maken.
c) Verdeel de za'atarpasta gelijkmatig over het deeg en laat een rand vrij.
d) Strooi indien gewenst sesamzaadjes erover.
e) Bak tot de randen goudbruin zijn. Snijd en serveer.

4.Palestijnse Shakshuka

INGREDIËNTEN:
- 2 eetlepels olijfolie
- 1 ui, fijngehakt
- 3 paprika's, in blokjes gesneden
- 4 teentjes knoflook, fijngehakt
- 1 theelepel gemalen komijn
- 1 theelepel paprikapoeder
- 1/2 theelepel cayennepeper (naar smaak aanpassen)
- 1 blik (28 oz) geplette tomaten
- Zout en peper naar smaak
- 6-8 grote eieren
- Verse peterselie ter garnering

INSTRUCTIES:
a) Verhit olijfolie in een grote koekenpan. Voeg de gesnipperde ui toe en bak tot deze glazig is.
b) Voeg de in blokjes gesneden paprika en gehakte knoflook toe. Kook tot de paprika's zacht zijn.
c) Roer de gemalen komijn, paprikapoeder en cayennepeper erdoor.
d) Giet de geplette tomaten erbij en breng op smaak met peper en zout. Laat sudderen tot de saus dikker wordt.
e) Maak kleine kuiltjes in de saus en breek de eieren erin.
f) Dek de pan af en kook tot de eieren naar wens zijn gepocheerd.
g) Garneer met verse peterselie en serveer met knapperig brood.

5. Bagels uit Jeruzalem (Ka'Ak Alquds)

INGREDIËNTEN:
- 4 kopjes bloem voor alle doeleinden
- 1 eetlepel suiker
- 1 eetlepel actieve droge gist
- 1 1/2 kopjes warm water
- 1 theelepel zout
- Sesamzaadjes voor de topping

INSTRUCTIES:
a) Meng in een kom warm water, suiker en gist. Laat het 5-10 minuten staan tot het schuimt.
b) Meng bloem en zout in een grote mengkom. Voeg het gistmengsel toe en kneed tot er een soepel deeg ontstaat.
c) Dek het deeg af en laat het 1-2 uur rijzen tot het in volume verdubbeld is.
d) Verwarm de oven voor op 200 °C.
e) Verdeel het deeg in kleine porties en vorm er ringen van.
f) Leg de ringen op een bakplaat, bestrijk ze met water en strooi er sesamzaadjes over.
g) Bak gedurende 15-20 minuten of tot ze goudbruin zijn.

6.Smoothie met yoghurt en dadels

INGREDIËNTEN:
- 1 kopje ontpitte dadels
- 1 kopje yoghurt
- 1/2 kopje melk
- 1 eetlepel honing
- Ijsblokjes

INSTRUCTIES:
a) Meng de ontpitte dadels, yoghurt, melk en honing in een blender.
b) Mixen tot een gladde substantie.
c) Voeg ijsblokjes toe en mix opnieuw tot de smoothie de gewenste consistentie heeft bereikt.
d) Giet in glazen en serveer gekoeld.

7.Sardine en Aardappelhasj

INGREDIËNTEN:
- 2 blikjes sardines in olie, uitgelekt
- 3 middelgrote aardappelen, geschild en in blokjes gesneden
- 1 ui, fijngehakt
- 2 tomaten, in blokjes gesneden
- 2 teentjes knoflook, fijngehakt
- 1 theelepel gemalen komijn
- 1 theelepel gemalen koriander
- Zout en peper naar smaak
- Olijfolie om te koken
- Verse koriander voor garnering

INSTRUCTIES:
a) Verhit de olijfolie in een pan en fruit de gehakte uien en knoflook tot ze zacht zijn.
b) Voeg de in blokjes gesneden aardappelen toe en kook tot ze bruin beginnen te worden.
c) Roer gemalen komijn, gemalen koriander, zout en peper erdoor.
d) Voeg de in blokjes gesneden tomaten toe en kook tot ze uiteenvallen.
e) Vouw de sardientjes er voorzichtig onder en zorg ervoor dat je ze niet te veel breekt.
f) Kook tot de aardappelen gaar zijn en de smaken versmelten.
g) Garneer voor het serveren met verse koriander.

8. Volledige Medames

INGREDIËNTEN:
- 2 kopjes gekookte tuinbonen
- 1/4 kop olijfolie
- 1 ui, fijngehakt
- 2 teentjes knoflook, fijngehakt
- 1 tomaat, in blokjes gesneden
- 1 theelepel gemalen komijn
- 1 theelepel gemalen koriander
- Zout en peper naar smaak
- Verse peterselie ter garnering
- Hardgekookte eieren voor erbij (optioneel)
- Flatbread of pitabroodje om erbij te serveren

INSTRUCTIES:
a) Verhit de olijfolie in een pan en fruit de gehakte uien en knoflook tot ze zacht zijn.
b) Voeg de in blokjes gesneden tomaten toe en kook tot ze uiteenvallen.
c) Roer gemalen komijn, gemalen koriander, zout en peper erdoor.
d) Voeg de gekookte tuinbonen toe en kook tot ze warm zijn.
e) Pureer een deel van de bonen zodat een romige textuur ontstaat.
f) Garneer met verse peterselie.
g) Serveer indien gewenst met hardgekookte eieren ernaast, en vergezeld van platbrood of pitabroodje.

9. Maldouf PlatBrood

INGREDIËNTEN:
- 2 kopjes volkoren meel
- Zout naar smaak
- 1/4 kopje Ghee (geklaarde boter) voor ondiep frituren
- Water Voor het kneden van deeg
- 8-14 1/2 kopje zachte dadels
- 1 kopje kokend water

INSTRUCTIES:
a) Week de ontpitte dadels in 1 kopje kokend water gedurende 2-3 uur of tot ze zacht zijn.
b) Pureer de zachte dadels met een zeef of een fijne zeef. Mogelijk hebt u een blender nodig om te mengen, als deze niet erg zacht voor u is.
c) Meng de gepureerde dadels met zout, 1 el ghee en bloem en maak er een zacht deeg van.
d) Laat het deeg minimaal 20 minuten rusten.
e) Verdeel het deeg in gelijke balletjes of balletjes ter grootte van een citroen.
f) Rol elk stuk uit tot een flatbread/paratha/ronde schijf/of vorm die je leuk vindt, van 15-15 cm lang.
g) Bak ze elk ondiep met ghee tot ze aan beide kanten gaar zijn. Omdat het deeg dadels bevat, zal het erg snel gaar zijn.

10. Shakshuka

INGREDIËNTEN:
- 2 eetlepels olijfolie
- 1 ui, fijngehakt
- 2 paprika's, in blokjes gesneden
- 3 teentjes knoflook, fijngehakt
- 1 blik (28 oz) geplette tomaten
- 1 theelepel gemalen komijn
- 1 theelepel gemalen paprikapoeder
- Zout en peper naar smaak
- 4-6 eieren
- Verse peterselie ter garnering

INSTRUCTIES:
a) Verhit olijfolie in een grote koekenpan op middelhoog vuur.
b) Fruit de uien en paprika tot ze zacht zijn.
c) Voeg gehakte knoflook toe en kook nog een minuut.
d) Giet de geplette tomaten erbij en breng op smaak met komijn, paprikapoeder, zout en peper. Laat ongeveer 10-15 minuten sudderen tot de saus dikker wordt.
e) Maak kleine kuiltjes in de saus en breek de eieren erin.
f) Dek de pan af en kook tot de eieren naar wens zijn gepocheerd.
g) Garneer met verse peterselie en serveer met brood.

11. Manoushe (Syrisch platbrood met Za'atar)

INGREDIËNTEN:
- Pizzadeeg of platbrooddeeg
- Za'atar kruidenmix
- Olijfolie
- Optioneel: Labneh of yoghurt om te dippen

INSTRUCTIES:
a) Rol het pizza- of flatbreaddeeg uit tot een dunne ronde vorm.
b) Verdeel een royale hoeveelheid olijfolie over het deeg.
c) Strooi het Za'atar -kruidenmengsel gelijkmatig over het deeg.
d) Bak in de oven tot de randen goudbruin en knapperig zijn.
e) Optioneel: Serveer met een beetje labneh of yoghurt om te dippen.

12. Ka'ak- brood

INGREDIËNTEN:
- 4 kopjes bloem voor alle doeleinden
- 1 eetlepel suiker
- 1 theelepel zout
- 1 eetlepel actieve droge gist
- 1 1/2 kopjes warm water
- Sesamzaadjes voor de topping

INSTRUCTIES:
a) Meng bloem, suiker en zout in een grote kom.
b) Los de gist in een aparte kom op in warm water en laat het 5 minuten staan tot het schuimt.
c) Voeg het gistmengsel toe aan het bloemmengsel en kneed tot je een glad deeg hebt.
d) Verdeel het deeg in kleine balletjes en vorm elk balletje tot een rond of ovaal brood.
e) Leg het gevormde brood op een bakplaat, bestrijk het met water en strooi er sesamzaadjes overheen.
f) Bak in een voorverwarmde oven op 190°C tot ze goudbruin zijn.

13. Fatteh (Syrische ontbijtschotel)

INGREDIËNTEN:
- 2 kopjes gekookte kikkererwten
- 2 kopjes yoghurt
- 2 teentjes knoflook, fijngehakt
- 1 kop geroosterde stukjes platbrood (pitabrood of Libanees brood)
- 1/4 kop pijnboompitten, geroosterd
- 2 eetlepels geklaarde boter (ghee)
- Gemalen komijn, naar smaak
- Zout en peper naar smaak

INSTRUCTIES:
a) Leg de geroosterde stukken platbrood in een serveerschaal.
b) Meng de yoghurt in een kom met gehakte knoflook, zout en peper. Verdeel het over het brood.
c) Bestrijk met gekookte kikkererwten.
d) Besprenkel met geklaarde boter en strooi er geroosterde pijnboompitten en gemalen komijn over.
e) Serveer warm als een stevige en smaakvolle ontbijtschotel.

14. Syrische Flatb gelezen

INGREDIËNTEN:
- 1 1/16 kopjes water
- 2 eetlepels plantaardige olie
- ½ theelepel witte suiker
- 1 ½ theelepel zout
- 3 kopjes bloem voor alle doeleinden
- 1 ½ theelepel actieve droge gist

INSTRUCTIES:
a) Plaats de ingrediënten in de pan van de broodmachine in de door de fabrikant aanbevolen volgorde.
b) Selecteer het programma Deeg op uw broodmachine en druk op Start.
c) Wanneer de deegcyclus bijna voltooid is, verwarm de oven voor op 245 graden C (475 graden F).
d) Leg het deeg op een licht met bloem bestoven oppervlak.
e) Verdeel het deeg in acht gelijke stukken en vorm er rondjes van.
f) Bedek de rondjes met een vochtige doek en laat ze rusten.
g) Rol elk deeg rond tot een dunne platte cirkel met een diameter van ongeveer 20 cm.
h) Bak twee rondjes tegelijk op voorverwarmde bakplaten of een steen tot ze opzwellen en goudbruin worden, ongeveer 5 minuten.
i) Herhaal het proces voor de resterende broden.
j) Serveer het Syrische brood warm en geniet van de veelzijdigheid ervan bij de lunch of het diner.

15. Labneh en Za'atar Toast

INGREDIËNTEN:
- Labneh (gezeefde yoghurt)
- Za'atar kruidenmix
- Olijfolie
- Pitabroodje of knapperig brood

INSTRUCTIES:
a) Smeer een royale hoeveelheid labneh op geroosterd pitabroodje of je favoriete knapperige brood.
b) Bestrooi met het za'atar- kruidenmengsel.
c) Besprenkel met olijfolie.
d) Serveer als een open sandwich of snij in kleinere stukjes.

SNACKS EN VOORGERECHTEN

16. Khubz-chips (platbrood).

INGREDIËNTEN:
- 4 platte broden (Khubz)
- 2 eetlepels olijfolie
- 1 theelepel gemalen komijn
- 1 theelepel paprikapoeder
- Zout naar smaak

INSTRUCTIES:
a) Verwarm de oven voor op 180 °C.
b) Bestrijk de platbroodjes met olijfolie en bestrooi ze met komijn, paprikapoeder en zout.
c) Snij de flatbreads in driehoeken of reepjes.
d) Bak in de oven gedurende 10-12 minuten of tot ze knapperig zijn.
e) Koel voor het serveren.

17. Dadels met amandelen

INGREDIËNTEN:
- Verse dadels
- Amandelen, geheel of gehalveerd

INSTRUCTIES:
a) Ontpit de dadels door een kleine incisie te maken en het zaad te verwijderen.
b) Steek een hele amandel of de helft in de holte die door het zaad is achtergelaten.

18. Falafel

INGREDIËNTEN:
- 2 kopjes geweekte en uitgelekte kikkererwten
- 1 kleine ui, gehakt
- 3 teentjes knoflook, fijngehakt
- 1/4 kop verse peterselie, gehakt
- 1 theelepel gemalen komijn
- 1 theelepel gemalen koriander
- Zout en peper naar smaak
- Olie om te frituren

INSTRUCTIES:
a) Meng in een keukenmachine kikkererwten, ui, knoflook, peterselie, komijn, koriander, zout en peper tot een grof mengsel ontstaat.
b) Vorm van het mengsel kleine balletjes of pasteitjes.
c) Verhit de olie in een pan en bak aan beide kanten goudbruin.
d) Laat uitlekken op keukenpapier.
e) Serveer warm met tahinisaus of yoghurt.

19. Spinazie Fatayer

INGREDIËNTEN:
- 2 kopjes gehakte spinazie
- 1 kleine ui, fijngehakt
- 1/4 kopje pijnboompitten
- 1 eetlepel olijfolie
- 1 theelepel gemalen sumak
- Zout en peper naar smaak
- Pizzadeeg of kant-en-klare bladerdeegvellen

INSTRUCTIES:
a) Fruit de uien in olijfolie tot ze glazig zijn.
b) Voeg de gehakte spinazie toe en kook tot deze geslonken is.
c) Roer de pijnboompitten, gemalen sumak, zout en peper erdoor.
d) Rol het pizzadeeg of de bladerdeegvellen uit en snijd ze in cirkels.
e) Schep op elke cirkel een lepel spinaziemengsel, vouw dubbel en druk de randen dicht.
f) Bak tot ze goudbruin zijn.
g) Serveer warm.

20.Gevulde uien

INGREDIËNTEN:

- 4 grote uien (2 lb / 900 g in totaal, gepeld gewicht) ongeveer 1⅔ kopjes / 400 ml groentebouillon
- 1½ eetlepel granaatappelmelasse
- zout en versgemalen zwarte peper
- VULLING
- 1½ el olijfolie
- 1 kopje / 150 g fijngehakte sjalotjes
- ½ kopje / 100 g kortkorrelige rijst
- ¼ kopje / 35 g pijnboompitten, gemalen
- 2 eetlepels gehakte verse munt
- 2 eetlepels gehakte platte peterselie
- 2 theelepel gedroogde munt
- 1 theelepel gemalen komijn
- ⅛ theelepel gemalen kruidnagel
- ¼ theelepel gemalen piment
- ¾ theelepel zout
- ½ theelepel versgemalen zwarte peper
- 4 citroenpartjes (optioneel)

INSTRUCTIES:

a) Schil de toppen en staarten van de uien en snijd ze ongeveer 0,5 cm af, doe de bijgesneden uien in een grote pan met veel water, breng aan de kook en kook gedurende 15 minuten. Giet af en zet opzij om af te koelen.

b) Om de vulling te bereiden, verwarm de olijfolie in een middelgrote koekenpan op middelhoog vuur en voeg de sjalotjes toe. Bak gedurende 8 minuten, vaak roerend, en voeg dan alle overige ingrediënten toe, behalve de partjes citroen. Zet het vuur laag en blijf koken en roeren gedurende 10 minuten.

c) Maak met een klein mes een lange snede vanaf de bovenkant van de ui tot aan de onderkant, helemaal tot aan het midden, zodat elke laag ui slechts één spleet heeft. Begin voorzichtig met het scheiden van de uienlagen, de een na de ander, totdat je de kern bereikt. Maak je geen zorgen als sommige lagen een beetje door het loslaten scheuren; je kunt ze nog steeds gebruiken.

d) Houd een laag ui in één komvormige hand en schep ongeveer 1 eetlepel van het rijstmengsel in de helft van de ui, plaats de vulling dichtbij het ene uiteinde van de opening. Laat je niet verleiden om hem nog meer te vullen, want hij moet mooi en knus ingepakt worden. Vouw de lege kant van de ui over de gevulde kant en rol hem strak op zodat de rijst bedekt is met een paar laagjes ui zonder lucht in het midden.

e) Plaats het in een middelgrote koekenpan met een deksel, met de naad naar beneden, en ga verder met het resterende uien-rijstmengsel. Leg de uien naast elkaar in de pan, zodat er geen bewegingsruimte is. Vul eventuele ruimtes op met delen van de ui die niet zijn gevuld. Voeg voldoende bouillon toe zodat de uien voor driekwart onderstaan, samen met de granaatappelmelasse, en breng op smaak met ¼ theelepel zout.

f) Dek de pan af en kook op de laagst mogelijke manier gedurende 1½ tot 2 uur, totdat de vloeistof is verdampt. Serveer warm of op kamertemperatuur, eventueel met partjes citroen.

21. Latkes

INGREDIËNTEN:

- 5½ kopjes / 600 g geschilde en geraspte tamelijk vastkokende aardappelen zoals Yukon Gold
- 2¾ kopjes / 300 g geschilde en geraspte pastinaken
- ⅓ kop / 30 g bieslook, fijngehakt
- 4 eiwitten
- 2 eetlepels maizena
- 5 eetlepels / 80 g ongezouten boter
- 6½ el / 100 ml zonnebloemolie
- zout en versgemalen zwarte peper
- zure room, om te serveren

INSTRUCTIES:

a) Spoel de aardappel af in een grote kom met koud water. Giet ze af in een vergiet, knijp het overtollige water eruit en spreid de aardappel vervolgens uit op een schone theedoek om volledig te drogen.

b) Meng in een grote kom de aardappel, pastinaak, bieslook, eiwit, maizena, 1 theelepel zout en veel zwarte peper.

c) Verhit de helft van de boter en de helft van de olie in een grote koekenpan op middelhoog vuur. Gebruik je handen om porties van ongeveer 2 eetlepels van het latke-mengsel eruit te pikken, knijp stevig om een deel van de vloeistof te verwijderen en vorm er dunne pasteitjes van ongeveer 3/8 inch / 1 cm dik en 3¼ inch / 8 cm in diameter.

d) Plaats voorzichtig zoveel latkes als comfortabel in de pan passen, duw ze voorzichtig naar beneden en zet ze waterpas met de achterkant van een lepel. Bak op middelhoog vuur gedurende 3 minuten aan elke kant. De latkes moeten aan de buitenkant helemaal bruin zijn. Haal de gebakken latkes uit de olie, leg ze op keukenpapier en houd ze warm terwijl je de rest kookt.

e) Voeg indien nodig de resterende boter en olie toe. Serveer meteen met zure room ernaast.

22. Geassorteerde dadelschotel

INGREDIËNTEN:
- 4-5 kopjes ontpitte dadels of een andere variant
- 1/2 kop geroosterde zonnebloempitten
- 1/2 kopje geroosterde pompoenpitten
- 1/2 kopje geroosterde witte sesamzaadjes
- 1/2 kop geroosterde zwarte sesamzaadjes
- 1/2 kop geroosterde pinda's

INSTRUCTIES:
a) Was en dep alle dadels droog. Zorg ervoor dat ze droog en vochtvrij zijn.
b) Maak een spleet in het midden van elke dadel en verwijder de zaadjes. Gooi de zaden weg.
c) Vul het midden van elke dadel met de geroosterde zonnebloempitten, pompoenpitten, witte sesamzaadjes, zwarte sesamzaadjes en pinda's.
d) Schik de gevulde dadels op een grote schaal, zodat ze gemakkelijk toegankelijk en visueel aantrekkelijk zijn.
e) Bewaar de diverse dadels in luchtdichte bakjes in de koelkast.

23. Gek

INGREDIËNTEN:
- 2 blikjes tuinbonen, uitgelekt en afgespoeld
- 2 teentjes knoflook, fijngehakt
- 1/4 kop olijfolie
- Sap van 1 citroen
- Zout en peper naar smaak
- Gehakte peterselie ter garnering
- brood (Rukhal), voor serveren

INSTRUCTIES:
a) Fruit de gehakte knoflook in een pan in olijfolie tot het geurig is.
b) Voeg de tuinbonen toe en kook tot ze warm zijn.
c) Pureer de bonen lichtjes met een vork.
d) Breng op smaak met citroensap, zout en peper.
e) Garneer met gehakte peterselie.
f) Serveer met brood.

24. Samosa

INGREDIËNTEN:
VOOR SAMOSADEEG:
- 2 kopjes bloem voor alle doeleinden (maida) (260 gram)
- 1 theelepel ajwain (carambolezaad)
- 1/4 theelepel zout
- 4 eetlepels + 1 theelepel olie (60 ml + 5 ml)
- Water om het deeg te kneden (ongeveer 6 eetlepels)

VOOR SAMOSA-VULLING:
- 3-4 middelgrote aardappelen (500-550 gram)
- 2 eetlepels olie
- 1 theelepel komijnzaad
- 1 theelepel venkelzaad
- 2 theelepels gemalen korianderzaad
- 1 theelepel fijngehakte gember
- 1 groene chilipeper, gehakt
- 1/4 theelepel hing (asafoetida)
- 1/2 kop + 2 eetlepels groene erwten (geweekt in warm water bij gebruik van bevroren)
- 1 theelepel korianderpoeder
- 1/2 theelepel garam masala
- 1/2 theelepel amchur (gedroogd mangopoeder)
- 1/4 theelepel rode chilipoeder (of naar smaak)
- 3/4 theelepel zout (of naar smaak)
- Olie om te frituren

INSTRUCTIES:
MAAK SAMOSADEEG:
a) Meng bloem voor alle doeleinden, ajwain en zout in een grote kom.
b) Voeg olie toe en wrijf de bloem met olie totdat het op kruimels lijkt. Dit zou 3-4 minuten moeten duren.
c) Voeg geleidelijk water toe en kneed tot een stevig deeg. Werk het deeg niet te veel; het zou gewoon samen moeten komen.
d) Dek het deeg af met een vochtige doek en laat het 40 minuten rusten.

AARDAPPELVULLING MAKEN:
e) Kook de aardappelen tot ze gaar zijn (8-9 fluittonen bij gebruik van een snelkookpan op het fornuis of 12 minuten onder hoge druk in een Instant Pot).
f) Schil en pureer de aardappelen.
g) Verhit de olie in een pan en voeg komijnzaad, venkelzaad en gemalen korianderzaad toe. Sauteer tot het aromatisch is.
h) Voeg gehakte gember, groene chili, hing , gekookte en aardappelpuree en groene erwten toe. Goed mengen.
i) Voeg korianderpoeder, garam masala, amchur , rode chilipoeder en zout toe. Meng tot het goed is opgenomen. Haal van het vuur en laat de vulling afkoelen.

VORM EN BAK DE SAMOSA:
j) Nadat het deeg heeft gerust, verdeel het in 7 gelijke delen.
k) Rol elk deel uit tot een cirkel met een diameter van 15-18 cm en snijd het in twee delen.
l) Neem één deel, breng water aan op de richtliniaal en vorm een kegel. Vul met 1-2 eetlepels aardappelvulling.
m) Sluit de samosa af door de randen samen te knijpen. Herhaal dit voor het resterende deeg.
n) Verhit olie op laag vuur. Bak de samosa's op laag vuur tot ze stevig en lichtbruin zijn (10-12 minuten). Verhoog het vuur tot medium en bak tot ze goudbruin zijn.
o) Bak 4-5 samosa's tegelijk, en elke batch duurt ongeveer 20 minuten op laag vuur.

25. Muhammara (Syrische hete peperdip)

INGREDIËNTEN:
- 2 zoete paprika's, zonder zaadjes en in vieren
- 3 sneetjes volkorenbrood, korstjes verwijderd
- ¾ kopje geroosterde walnoten, gehakt
- 2 eetlepels citroensap
- 2 eetlepels Aleppo-peper
- 2 theelepels granaatappelmelasse
- 1 teentje knoflook, fijngehakt
- 1 theelepel komijnzaad, grof gemalen
- Zout naar smaak
- ½ kopje olijfolie
- 1 snufje sumakpoeder

INSTRUCTIES:
a) Plaats het ovenrek ongeveer 15 cm van de warmtebron en verwarm de grill van de oven voor.
b) Bekleed een bakplaat met aluminiumfolie.
c) Leg de paprika's met de gesneden kant naar beneden op de voorbereide bakplaat.
d) Rooster onder de voorverwarmde grill tot de schil van de paprika's zwart wordt en blaren vertoont, ongeveer 5 tot 8 minuten.
e) Rooster de sneetjes brood in een broodrooster en laat ze afkoelen.
f) Doe het geroosterde brood in een hersluitbare plastic zak, druk de lucht eruit, sluit de zak en druk deze fijn met een deegroller zodat er kruimels ontstaan.
g) Doe de geroosterde paprika's in een kom en sluit deze goed af met plasticfolie.
h) Zet opzij totdat de schil van de paprika's loslaat, ongeveer 15 minuten.
i) Verwijder de huiden en gooi ze weg.
j) Pureer de geschilde paprika's met een vork.
k) Meng in een keukenmachine de gepureerde paprika, broodkruimels, geroosterde walnoten, citroensap, Aleppo-peper, granaatappelmelasse, knoflook, komijn en zout.
l) Pulseer het mengsel een paar keer om het te mengen voordat het op de laagste stand draait.
m) Giet langzaam olijfolie in het pepermengsel terwijl het mengt totdat het volledig is geïntegreerd.
n) Breng het muhammara-mengsel over naar een serveerschaal.
o) Strooi sumak over het mengsel voordat je het serveert.

26. Baba Ganoush

INGREDIËNTEN:
- 4 grote Italiaanse aubergines
- 2 teentjes geperste knoflook
- 2 theelepels koosjer zout, of naar smaak
- 1 citroen, uitgeperst, of meer naar smaak
- 3 eetlepels tahini, of meer naar smaak
- 3 eetlepels extra vergine olijfolie
- 2 eetlepels gewone Griekse yoghurt
- 1 snufje cayennepeper, of naar smaak
- 1 blad verse munt, fijngehakt (optioneel)
- 2 eetlepels gehakte verse Italiaanse peterselie

INSTRUCTIES:
a) Verwarm een buitengrill voor op middelhoog vuur en olie het rooster lichtjes in.
b) Prik meerdere keren in het oppervlak van de auberginehuid met de punt van een mes.
c) Leg aubergines direct op de grill. Draai regelmatig met een tang terwijl de huid verkoolt.
d) Kook tot de aubergines zijn ingestort en heel zacht zijn, ongeveer 25 tot 30 minuten.
e) Doe het in een kom, dek het goed af met aluminiumfolie en laat het ongeveer 15 minuten afkoelen.
f) Als de aubergines voldoende zijn afgekoeld om te hanteren, verdeel ze dan in tweeën en schraap het vruchtvlees in een vergiet dat boven een kom is geplaatst.
g) Laat 5 of 10 minuten uitlekken.
h) Doe de aubergine in een mengkom en voeg de geplette knoflook en het zout toe.
i) Pureer tot het romig maar met een beetje textuur is, ongeveer 5 minuten.
j) Klop het citroensap, de tahini, de olijfolie en de cayennepeper erdoor.
k) Roer de yoghurt erdoor.
l) Bedek de kom met plasticfolie en zet in de koelkast tot hij volledig gekoeld is, ongeveer 3 of 4 uur.
m) Proef om de kruiden aan te passen.
n) Roer voor het serveren de fijngehakte munt en gehakte peterselie erdoor.

HOOFDGERECHT

27. Jedra (linzen en rijst)

INGREDIËNTEN:
- 1 kopje linzen, gespoeld
- 1 kopje rijst
- 1 grote ui, fijngehakt
- 1/4 kop olijfolie
- Gemalen komijn, koriander, zout en peper naar smaak

INSTRUCTIES:
a) Fruit de gesnipperde ui in olijfolie tot ze goudbruin is.
b) Voeg linzen, rijst, kruiden en water toe. Kook tot de rijst en linzen gaar zijn.
c) Roer het voor het serveren los met een vork.

28. Gevulde Kip (Djaj Mahshi)

INGREDIËNTEN:
VOOR HET GEMARINEREN VAN KIP:
- 1300 gram kip, groot
- 2 citroenen
- 2 theelepels zout
- 1 theelepel fijne komijn
- 1 theelepel gemalen zwarte peper

KIP KOKEN:
- 2 kopjes water
- 1 middelgrote ui, in kleine stukjes gesneden
- 4 kardemom
- 3 laurierblaadjes

VOOR VULLING:
- 3/4 kop Egyptische rijst (klein), gewassen en geweekt in koud water
- 30 minuten en goed uitgelekt
- 1 eetlepels plantaardige olie
- 1 eetlepel margarine
- 2 eetlepels pijnboompitten of een ander soort noten
- 150 g gehakt, zonder vet (optioneel)
- 1 kleine ui, in kleine stukjes gesneden
- 3/4 kopje heet water
- 1 theelepel zoete peper
- 1 theelepel zout
- 1 theelepel gemalen zwarte peper
- 1/2 theelepel fijne kaneel
- 1 eetlepel plantaardige olie, voor de oven
- 1 eetlepel tomatensaus, voor de oven

INSTRUCTIES:
a) We controleren de kip een beetje goed met een mes totdat we eventuele nog aanwezige veren verwijderen. Wrijf de kip vervolgens van binnen en van buiten goed in met citroen, wrijf hem vervolgens in met een mengsel van zout, zwarte peper en komijn en laat hem twee uur in de koelkast staan totdat de marinade is opgenomen.
b) Om de vulling te bereiden, doe je de olie en de margarine in een pan op het vuur, bak dan de pijnboompitten een beetje, voeg dan de uien toe en roer tot de uien slinken, voeg het gehakt toe en roer tot het vleeswater opdroogt.
c) Voeg 3/4 kopje heet water toe en roer, voeg dan de rijst toe en roer gedurende 5 minuten, voeg zout, zoete peper, zwarte peper en kaneel toe en roer, zet dan het vuur iets lager tot de rijst half gaar is, haal hem uit de pan. vuur en laat het staan totdat het is afgekoeld.
d) We beginnen de kip te vullen vanaf de nek, dan de binnenkant, vullen onder de vleugels en sluiten de open plekken af met een draad (pas op dat je de kip niet helemaal vult, want daarna zal het rijstvolume toenemen).
e) Leg de kip in een grote pan op zijn rug met net genoeg water om hem te bedekken met kardemom en gesnipperde ui en laat hem op laag vuur koken tot de kip volwassen begint te worden.
f) We halen de kip uit de pot en bestrijken hem vanaf de buitenkant met een kwast met het saus-oliemengsel. Doe het in de grillzak met 4 eetlepels bouillon, sluit het zakje vervolgens goed af en maak vervolgens met een speld een klein gaatje aan de bovenkant zodat het niet te veel uitpuilt in de oven. Vervolgens leggen we de zak in de ovenschaal.
g) De geroosterde gevulde kip op Palestijnse wijze gaat de oven in op de grill totdat deze volledig bruin is, waarbij de zak tijdens het frituren wordt omgedraaid, vervolgens uit de oven wordt gehaald, op een serveerschaal wordt geplaatst en wordt geserveerd.

29. Gegrilde Kip (Djaj Harari)

INGREDIËNTEN:
KIP
- Grilltas
- Water 1 kopje
- 1 grote aardappel, in vierkantjes gesneden
- Wortel of twee gehakte wortelen

VULLING:
- knoflook 1kop
- 1 ui
- Tomaat
- citroensap
- klein lepeltje azijn
- klein olijfolie kopje
- Twee eetlepels tomatenpuree
- Zout (naar wens)
- lepel sojasaus

INSTRUCTIES:
a) Doe de ingrediënten van de vulling in de mixer, breng dan de kip en
b) Maak gaten in de kip, breng hem op smaak en marineer hem vier uur of een hele nacht.
c) Zout de groenten die we bij de kip willen doen, breng ze op smaak en doe ze in de zak met de kip.
d) Sluit de zak vanaf de bovenkant, plaats deze in de bak, giet een kopje water in de bak en prik met een mes twee kleine gaatjes in de zak om de lucht eruit te laten.
e) Zet in de oven, voorverwarmd van een uur tot een uur en een kwartier op een temperatuur van 180 graden, en er kan water aan de bakplaat worden toegevoegd als deze droogt voordat deze klaar is.
f) We halen het uit de zak en serveren het met yoghurt en augurken, gezond en klaar.

30.Kaasjeskruid (Khuzaibah)

INGREDIËNTEN:
- Een of twee bosjes verse kaasjeskruidblaadjes (cheeseweed)
- 1 ui
- olijfolie
- Tarwemeel of gewoon bloemzout
- zwarte peper
- Hete saus
- Fijngehakte rode peper
- kokend water

INSTRUCTIES:
a) Pluk de bladeren zorgvuldig en verwijder eventuele stengels.
b) Water koken. Laat tijdens het koken de kaasjeskruidblaadjes in het water vallen. Roer totdat ze plat zijn.
c) Voor deze volgende stap heb je een maaier of roerder nodig, een houten stok met verschillende gaten. Uit de gaten steken kleine houten stokjes. Roer met het gereedschap de kaasjeskruidblaadjes. Ann eierklopper kan voor hetzelfde doel worden gebruikt, maar het is ook mogelijk om de roerstaaf of de garde achterwege te laten en gewoon een houten lepel te gebruiken
d) Nadat de kaasjeskruid is gesmolten en de bladeren uit elkaar vallen, doe je een beetje water bij de bloem en roer je tot er kleine klontjes deeg ontstaan.
e) Leg op de gekookte khubaizeh , breng op smaak met zout en zwarte peper; voeg gehakte rode peper en een lepel rode chilisaus toe.
f) Laat het op een laag vuur staan totdat het deeg volledig rijp is.
g) Snijd de uien in kleine stukjes en bak ze in olijfolie tot ze een beetje rood kleuren, voeg dan het mengsel van uien en olie toe aan de khubaizah en kook een beetje.
h) Warm geserveerd met vers brood, citroen, hete saus en augurken en kan ook geserveerd worden in de vorm van Fattah (gehakt brood met gekookte kaasjeskruidsoep erover).

31. Gevulde Courgette (Mahshi Kpusa)

INGREDIËNTEN:
- 1 pond grasgevoerd lamsvlees of rundvlees, of gevogelte
- 2,5 kopjes witte rijst met korte korrel, gespoeld (zie opmerking)
- 1 theelepel kaneel
- 1 theelepel gemalen piment
- 1/4 theelepel nootmuskaat
- 1/4 theelepel gemalen kardemom
- Zout en zwarte peper naar smaak
- 4 el olijfolie (verdeeld)

GROENTEN
- 12-14 (ongeveer 4 pond) kleine courgettes, ongeveer 5-6 centimeter lang en 1
- tot 2 inch in diameter
- Zout en peper naar smaak

SAUS
- 2 kopjes kippenbouillon. Ik gebruik gewoon water, het is prima (genoeg om de groenten onder te dompelen)
- 28 oz geplette tomaten
- 1 eetl tomatenpuree
- 4 pond verse tomaten.
- 3 teentjes knoflook
- Laurierblad

INSTRUCTIES:

a) Eerst wil je de courgettes verwijderen. Courgettesnijders kun je gemakkelijk online en in de meeste supermarkten in het Midden-Oosten vinden.

b) Dit is een geweldige techniek om te leren en te oefenen, omdat deze in zoveel gevulde groenten wordt gebruikt. Voel je niet slecht als je er een paar breekt. Het vergt oefening. Snijd eerst de stelen af. Om het werk gemakkelijker te maken, hebt u speciaal gereedschap nodig, zoals een appelboor. Blijf ze gewoon uitboren, zoals het uitsnijden van een pompoen, totdat je de muren ongeveer 1/8 inch dik hebt en je de bodem hebt bereikt. Je voert deze stap een paar keer uit totdat je de courgette hebt geschraapt en heiligt, zodat er voldoende ruimte is voor de vulling. Zorg ervoor dat u er indien mogelijk geen gaten in prikt. Als je een appelboor hebt, gebruik die dan. Gooi de pulp niet weg. Je kunt het gemakkelijk alleen koken met kruiden of met eieren en eten met vers brood.

c) Spoel de rijst een paar keer af in koud water tot het water helder blijft. Hierdoor wordt een deel van het zetmeel in de rijst verwijderd, waardoor een luchtigere vulling ontstaat.

d) Het vlees sauteren: (optioneel) of u kunt gewoon rauw vlees aan de gespoelde rijst toevoegen.

e) Verhit de olie in een koekenpan met zware bodem, voeg het vlees en de kruiden toe. Bak totdat het een beetje bruin is en verkruimelt. Je hoeft het vlees niet helemaal te koken, want het gaart na in de saus.

f) Haal een mooie diepe kom tevoorschijn en meng alle ingrediënten voor de vulling tot ze goed gemengd zijn. (of je kunt hiervoor mijn handen gebruiken.)

g) Vul de courgette voorzichtig met het mengsel met je vingers. Overvul ze niet! Vul slechts ongeveer ¾ van de kousa met de vulling en pak deze niet in. Laat ruimte vrij zodat de rijst tijdens het koken kan uitzetten.

h) Voeg in een grote pan met dikke bodem de extra 2 eetlepels olijfolie toe en bak de courgettepulp (de binnenkant van de courgette) met de teentjes knoflook. Meng de sausingrediënten en breng al roerend aan de kook. Zet vervolgens het vuur lager en laat een paar minuten sudderen, zodat de smaken goed kunnen intrekken. Smaak voor kruiden. Laat de gevulde courgette heel voorzichtig in de bouillon drijven en laat 50-60 minuten sudderen (zorg ervoor dat de bouillon de courgette bedekt) tot de rijst gaar is en de courgette gaar is.

i) Controleer af en toe tijdens het koken en als de saus meer bouillon of water nodig heeft, voeg deze dan toe. Serveer in diepe kommen, met de tomatensaus er bovenop. Satain ! Dat is Arabisch voor 'bon appétit', wat zich letterlijk vertaalt naar 'Twee gezondheid voor jou.

32. Gevulde Kool (Mahshi Malfouf)

INGREDIËNTEN:
- 1 grote krop breedbladige kool
- 2 Hele knoflookkoppen
- 2 pond lamskoteletjes of lamsvlees met bot tot op de bodem van de pot
- Citroensap en schijfjes citroen voor erbij.
- 3 kopjes kortkorrelige rijst, gekookt
- 4 teentjes geperste knoflook
- Zout en peper
- 2 theelepel gemalen piment
- 1 theelepel komijn
- 1/2 theelepel kaneel
- 1/4 theelepel nootmuskaat
- 2 el olijfolie
- 1 pond gehakt (lamsvlees, rundvlees, gemalen kip of kalkoen (bij voorkeur donker vlees, geen borst).

INSTRUCTIES:

a) Verwijder de kern uit de kool.
b) Kook de hele koolkop in een grote pan tot de bladeren zacht en buigzaam zijn.
c) Trek de bladeren voorzichtig één voor één af.
d) Meng in een mengkom de rijst, het gehakt, de geperste knoflook, zout, peper, gemalen piment, komijn, kaneel, nootmuskaat en olijfolie.
e) Meng de ingrediënten grondig.
f) Schep op elk koolblad een lepel van het vulmengsel.
g) Vouw de zijkanten van het koolblad over de vulling en rol het strak op tot een gevulde koolrol.
h) Bekleed de bodem van een grote pan met lamskoteletjes of lamsvlees met bot.
i) Leg de gevulde koolrolletjes op het lamsvlees, zodat er laagjes ontstaan.
j) Knijp de knoflookkoppen lichtjes uit zodat de smaak vrijkomt en plaats ze tussen de gevulde koolrolletjes.
k) Voeg voldoende water toe om de gevulde koolrolletjes te bedekken.
l) Laat op laag vuur sudderen tot de rijst gaar is en de smaken versmelten.
m) Eenmaal gekookt serveer je de gevulde koolrolletjes met schijfjes citroen en een scheutje citroensap.

33.Qalayet Banadora (Tomatenstoofpot)

INGREDIËNTEN:
- 4 grote tomaten, in blokjes gesneden
- 1 ui, fijngehakt
- 3 teentjes knoflook, fijngehakt
- 2 eetlepels olijfolie
- 1 theelepel gemalen koriander
- 1 theelepel gemalen komijn
- Zout en peper naar smaak
- Verse peterselie ter garnering

INSTRUCTIES:

a) Fruit in een pan de gesnipperde ui en de gehakte knoflook in olijfolie tot ze zacht zijn.

b) Voeg de in blokjes gesneden tomaten toe aan de pan en kook tot ze hun sappen vrijgeven.

c) Breng op smaak met gemalen koriander, komijn, zout en peper. Goed roeren.

d) Laat de stoofpot sudderen tot de tomaten volledig gaar zijn en de saus dikker wordt.

e) Garneer voor het serveren met verse peterselie.

34. Ingemaakte groene olijven

INGREDIËNTEN:
- 2 kopjes groene olijven
- 1 kopje water
- 1 kopje witte azijn
- 1 eetlepel zout
- 2 teentjes knoflook, geperst
- 1 theelepel korianderzaad
- 1 theelepel venkelzaad
- 1 theelepel rode pepervlokken (optioneel)

INSTRUCTIES:
a) Spoel de groene olijven af en laat ze uitlekken.
b) Meng in een pan water, azijn, zout, knoflook, korianderzaad, venkelzaad en rode pepervlokken (indien gebruikt). Aan de kook brengen.
c) Voeg de groene olijven toe aan het kokende mengsel en laat 5-10 minuten sudderen.
d) Laat het mengsel afkoelen en doe de olijven en de vloeistof in een gesteriliseerde pot.
e) Sluit de pot af en zet hem minimaal 24 uur in de koelkast voordat je hem consumeert.

35. Moussaka

INGREDIËNTEN:
- 2 grote aubergines, in plakjes gesneden
- 1 pond gemalen lamsvlees of rundvlees
- 1 ui, fijngehakt
- 3 teentjes knoflook, fijngehakt
- 2 grote tomaten, in blokjes gesneden
- 1/2 kop tomatenpuree
- 1 theelepel gemalen kaneel
- Zout en peper naar smaak
- Olijfolie om te frituren

INSTRUCTIES:
a) Zout de plakjes aubergine en laat ze 30 minuten staan om overtollig vocht te verwijderen. Spoel af en dep droog.
b) Verhit olijfolie in een pan en bak de plakjes aubergine goudbruin. Opzij zetten.
c) Kook in dezelfde pan het gehakt, de gehakte ui en de gehakte knoflook tot ze bruin zijn.
d) Voeg de in blokjes gesneden tomaten, tomatenpuree, gemalen kaneel, zout en peper toe. Kook tot het mengsel dikker wordt.
e) Leg de gebakken plakjes aubergine en het vleesmengsel in een ovenschaal.
f) Bak in een voorverwarmde oven op 175°C gedurende ongeveer 30 minuten of tot het bubbelt.

36. Linzen- en Pompoensoep

INGREDIËNTEN:
- 1 kopje rode linzen
- 2 kopjes in blokjes gesneden pompoen
- 1 ui, gehakt
- 3 teentjes knoflook, fijngehakt
- 1 theelepel gemalen komijn
- 1 theelepel gemalen koriander
- 6 kopjes groentebouillon
- Zout en peper naar smaak
- Olijfolie om te sauteren

INSTRUCTIES:

a) Fruit in een pan de gesnipperde ui en de gehakte knoflook in olijfolie tot ze zacht zijn.

b) Voeg de in blokjes gesneden pompoen, rode linzen, gemalen komijn, gemalen koriander, zout en peper toe. Goed roeren.

c) Giet de groentebouillon erbij en breng aan de kook. Zet het vuur lager en laat sudderen tot de linzen en pompoen gaar zijn.

d) Gebruik een staafmixer om de soep tot de gewenste consistentie te pureren.

e) Pas indien nodig de kruiden aan en serveer warm.

37. Pittige Gazaanse vis

INGREDIËNTEN:
- 4 visfilets (zoals zeebaars of tandbaars)
- 2 eetlepels olijfolie
- 1 ui, fijngehakt
- 3 teentjes knoflook, fijngehakt
- 2 tomaten, in blokjes gesneden
- 1 theelepel gemalen komijn
- 1 theelepel gemalen koriander
- 1 theelepel paprikapoeder
- 1/2 theelepel cayennepeper
- Zout en peper naar smaak
- Verse koriander voor garnering

INSTRUCTIES:
a) Fruit in een pan de gesnipperde ui en de gehakte knoflook in olijfolie tot ze zacht zijn.
b) Voeg de in blokjes gesneden tomaten, gemalen komijn, gemalen koriander, paprika, cayennepeper, zout en peper toe. Kook tot de tomaten kapot zijn.
c) Kruid de visfilets met peper en zout en doe ze in de pan met het tomatenmengsel.
d) Kook de vis tot hij ondoorzichtig is en gemakkelijk in stukjes valt met een vork.
e) Garneer voor het serveren met verse koriander.

38. Garnalen Kom

INGREDIËNTEN:
- 1 pond grote garnalen, gepeld en ontdaan van darmen
- 2 kopjes gekookte rijst
- 1 paprika, in plakjes gesneden
- 1 courgette, in plakjes gesneden
- 1 ui, gesneden
- 3 teentjes knoflook, fijngehakt
- 2 eetlepels olijfolie
- 1 theelepel gemalen komijn
- 1 theelepel gerookte paprikapoeder
- Zout en peper naar smaak
- Verse citroenpartjes om erbij te serveren

INSTRUCTIES:
a) Fruit in een pan de gesneden paprika, courgette en ui in olijfolie tot ze zacht zijn.
b) Voeg gehakte knoflook, gemalen komijn, gerookte paprika, zout en peper toe. Goed roeren.
c) Voeg garnalen toe aan de pan en kook tot ze roze en ondoorzichtig worden.
d) Serveer het garnalen- en groentemengsel over gekookte rijst.
e) Knijp voor het serveren vers citroensap over het gerecht.

39. Spinazie Taarten

INGREDIËNTEN:
- 2 kopjes gehakte spinazie
- 1 kopje verkruimelde fetakaas
- 1 ui, fijngehakt
- 2 eetlepels olijfolie
- Zout en peper naar smaak
- 1 pakje kant-en-klaar deegdeeg

INSTRUCTIES:
a) Fruit in een pan de gesnipperde ui in olijfolie tot ze zacht is.
b) Voeg de gehakte spinazie toe en kook tot deze geslonken is. Breng op smaak met zout en peper.
c) Haal van het vuur en laat afkoelen. Roer de verkruimelde fetakaas erdoor.
d) Rol het deegdeeg uit en snijd het in cirkels. Schep een lepel spinaziemengsel in het midden.
e) Vouw het deeg over de vulling zodat het een halvemaanvorm krijgt. Verzegel de randen.
f) Bak volgens de instructies voor het deegdeeg of tot ze goudbruin zijn.

40. Musakhan

INGREDIËNTEN:
- 4 kippendijen
- 1 grote ui, in dunne plakjes gesneden
- 1/4 kop olijfolie
- 1 theelepel gemalen sumak
- 1 theelepel gemalen komijn
- 1 theelepel gemalen koriander
- Zout en peper naar smaak
- Palestijns platbrood (taboe of ander platbrood)
- Gehakte peterselie en geroosterde pijnboompitten voor garnering

INSTRUCTIES:
a) Verwarm de oven voor op 200 °C.
b) Kruid de kippendijen met sumak, komijn, koriander, zout en peper.
c) Verhit de olijfolie in een koekenpan en bak de gesneden uien tot ze gekarameliseerd zijn.
d) Voeg gekruide kippendijen toe aan de koekenpan en bruin aan beide kanten.
e) Leg de kip en uien op het flatbread. Besprenkel met olijfolie.
f) Bak in de oven tot de kip gaar is.
g) Garneer voor het serveren met gehakte peterselie en geroosterde pijnboompitten.

41.Tijm Mutabbaq

INGREDIËNTEN:
- 2 kopjes verse tijmblaadjes
- 1/2 kopje olijfolie
- Zout naar smaak
- Palestijns platbrooddeeg of kant-en-klare vellen

INSTRUCTIES:
a) Verwarm de oven voor op 190°C.
b) Meng in een kom verse tijmblaadjes met olijfolie en zout.
c) Rol het flatbreaddeeg uit of gebruik kant-en-klare vellen.
d) Verdeel het tijmmengsel gelijkmatig over de helft van het deeg en vouw de andere helft eroverheen, zodat de randen dicht zijn.
e) Bak in de oven tot ze goudbruin en knapperig zijn.

42. Malfouf

INGREDIËNTEN:
- Koolbladeren
- 1 kopje rijst, gespoeld
- 1/2 pond gemalen lams- of rundvlees
- 1 ui, fijngehakt
- 2 eetlepels tomatenpuree
- 2 eetlepels olijfolie
- 1 theelepel gemalen kaneel
- Zout en peper naar smaak
- Citroenpartjes voor erbij

INSTRUCTIES:
a) Kook de koolbladeren tot ze zacht zijn. Giet af en zet opzij.
b) Fruit in een koekenpan de gesnipperde ui in olijfolie tot ze glazig is.
c) Voeg gemalen vlees toe en kook tot het bruin is. Roer de tomatenpuree, kaneel, zout en peper erdoor.
d) Doe in elk koolblad een lepel van het vleesmengsel en rol het strak op.
e) Schik de gevulde koolbladeren in een pot. Voeg voldoende water toe om te bedekken.
f) Laat op laag vuur sudderen tot de rijst gaar is en de koolrolletjes gaar zijn.
g) Serveer met partjes citroen.

43. Al Qidra Al Khaliliya

INGREDIËNTEN:
- 2 kopjes basmatirijst
- 1/2 kop geklaarde boter (ghee)
- 1 grote ui, in dunne plakjes gesneden
- 1,5 kg lamsvlees of kip, in stukjes gesneden
- 1/2 kop kikkererwten, een nacht geweekt
- 1/2 kopje hele amandelen
- 1/2 kop rozijnen
- 1 theelepel gemalen kaneel
- 1 theelepel gemalen piment
- Zout en peper naar smaak
- 4 kopjes kippen- of runderbouillon

INSTRUCTIES:
a) Spoel de rijst af en laat hem 30 minuten in water weken. Droogleggen.
b) Smelt de geklaarde boter in een grote pan op middelhoog vuur. Voeg gesneden uien toe en kook tot ze goudbruin zijn.
c) Voeg de stukken vlees toe en bak ze aan alle kanten bruin.
d) Roer de geweekte kikkererwten, amandelen, rozijnen, kaneel, piment, zout en peper erdoor.
e) Voeg de uitgelekte rijst toe aan de pot en meng goed.
f) Giet de kippen- of runderbouillon erbij en breng aan de kook. Zet het vuur lager, dek af en laat sudderen tot de rijst gaar is en de vloeistof is opgenomen.
g) Laat het een paar minuten rusten en maak de rijst dan los met een vork.
h) Serveer warm, eventueel gegarneerd met extra amandelen en rozijnen.

44.Rissole: Gehakt

INGREDIËNTEN:
- 1 pond gehakt (rundvlees, lamsvlees of een mengsel)
- 1 ui, fijngehakt
- 2 teentjes knoflook, fijngehakt
- 1/2 kopje broodkruimels
- 1/4 kopje melk
- 1 ei
- 1 theelepel gemalen komijn
- 1 theelepel paprikapoeder
- Zout en peper naar smaak
- Meel voor coating
- Plantaardige olie om te frituren

INSTRUCTIES:

a) Meng in een kom gehakt, gesnipperde ui, gehakte knoflook, paneermeel, melk, ei, gemalen komijn, paprika, zout en peper. Meng tot alles goed gemengd is.
b) Vorm van het mengsel kleine pasteitjes of balletjes.
c) Rol elk pasteitje door de bloem zodat het gelijkmatig bedekt is.
d) Verhit plantaardige olie in een pan op middelhoog vuur.
e) Bak de pasteitjes aan beide kanten goudbruin en gaar.
f) Laat ze uitlekken op keukenpapier om overtollige olie te verwijderen.
g) Serveer warm met je favoriete dipsaus.

45. Mejadra

INGREDIËNTEN:

- 1¼ kopjes / 250 g groene of bruine linzen
- 4 middelgrote uien (700 g / 1½ lb vóór het pellen)
- 3 eetlepels bloem voor alle doeleinden
- ongeveer 1 kopje / 250 ml zonnebloemolie
- 2 theelepel komijnzaad
- 1½ eetl korianderzaad
- 1 kop / 200 g basmatirijst
- 2 eetlepels olijfolie
- ½ theelepel gemalen kurkuma
- 1½ theelepel gemalen piment
- 1½ theelepel gemalen kaneel
- 1 theelepel suiker
- 1½ kopjes / 350 ml water
- zout en versgemalen zwarte peper

INSTRUCTIES

a) Doe de linzen in een kleine pan, bedek ze met ruim water, breng aan de kook en kook gedurende 12 tot 15 minuten, tot de linzen zacht zijn maar nog wel een beetje beet hebben. Giet af en zet opzij.

b) Pel de uien en snijd ze in dunne plakjes. Leg het op een groot plat bord, bestrooi met de bloem en 1 theelepel zout en meng goed met je handen. Verhit de zonnebloemolie in een pan met middelmatige dikke bodem en zet deze op hoog vuur. Zorg ervoor dat de olie heet is door er een klein stukje ui in te gooien; het moet krachtig sissen. Zet het vuur middelhoog en voeg voorzichtig (het kan spugen!) een derde van de gesneden ui toe. Bak 5 tot 7 minuten, af en toe roeren met een schuimspaan, tot de ui een mooie goudbruine kleur krijgt en krokant wordt (pas de temperatuur aan zodat de ui niet te snel bakt en verbrandt). Gebruik de lepel om de ui over te brengen naar een vergiet bekleed met keukenpapier en bestrooi met nog een beetje zout. Doe hetzelfde met de andere twee partijen uien; voeg indien nodig een beetje extra olie toe.

c) Veeg de pan waarin je de ui gebakken hebt schoon en doe het komijn- en korianderzaad erin. Zet op middelhoog vuur en rooster de zaden een minuut of twee. Voeg de rijst, olijfolie, kurkuma, piment, kaneel, suiker, ½ theelepel zout en veel zwarte peper toe. Roer om de rijst met de olie te bedekken en voeg dan de gekookte linzen en het water toe. Breng aan de kook, dek af met een deksel en laat op zeer laag vuur gedurende 15 minuten koken.

d) Haal van het vuur, til het deksel eraf en dek de pan snel af met een schone theedoek. Sluit goed af met het deksel en laat 10 minuten staan.

e) Voeg ten slotte de helft van de gebakken ui toe aan de rijst en de linzen en roer voorzichtig met een vork. Doe het mengsel in een ondiepe serveerschaal en garneer met de rest van de ui.

46. Na'ama is dik

INGREDIËNTEN:
- 1 kopje / 200 g Griekse yoghurt en ¾ kopje plus 2 eetlepels / 200 ml volle melk, of 1⅔ kopjes / 400 ml karnemelk (ter vervanging van zowel yoghurt als melk)
- 2 grote oude Turkse flatbreads of naan (9 oz / 250 g in totaal)
- 3 grote tomaten (13 oz / 380 g in totaal), gesneden in dobbelstenen van ⅔ inch / 1,5 cm
- 100 g radijsjes, in dunne plakjes gesneden
- 3 Libanese of minikomkommers (250 g / 9 oz in totaal), geschild en in blokjes van ⅔ inch / 1,5 cm gesneden
- 2 groene uien, in dunne plakjes gesneden
- ½ oz / 15 g verse munt
- 25 g platte peterselie, grof gehakt
- 1 eetl gedroogde munt
- 2 teentjes knoflook, geperst
- 3 eetlepels vers geperst citroensap
- ¼ kopje / 60 ml olijfolie, plus extra om te besprenkelen
- 2 eetlepels cider of witte wijnazijn
- ¾ theelepel versgemalen zwarte peper
- 1½ theelepel zout
- 1 eetlepel sumak of meer naar smaak, om te garneren

INSTRUCTIES:
a) Als u yoghurt en melk gebruikt, begin dan minimaal 3 uur en maximaal een dag van tevoren door beide in een kom te doen. Klop goed en laat het op een koele plaats of in de koelkast staan tot er belletjes op het oppervlak ontstaan. Wat je krijgt is een soort zelfgemaakte karnemelk, maar dan minder zuur.

b) Scheur het brood in hapklare stukjes en doe het in een grote mengkom. Voeg je gefermenteerde yoghurtmengsel of commerciële karnemelk toe, gevolgd door de rest van de ingrediënten, meng goed en laat 10 minuten staan zodat alle smaken zich kunnen vermengen.

c) Schep de fattoush in serveerschalen, besprenkel met wat olijfolie en garneer rijkelijk met sumak.

47. Babyspinaziesalade met dadels en amandelen

INGREDIËNTEN:
- 1 eetl witte wijnazijn
- ½ middelgrote rode ui, in dunne plakjes gesneden
- 100 g ontpitte Medjool-dadels, in de lengte in vieren gedeeld
- 2 eetlepels / 30 g ongezouten boter
- 2 eetlepels olijfolie
- 2 kleine pitabroodjes, ongeveer 3½ oz / 100 g, grof gescheurd in stukjes van 1½ inch / 4 cm
- ½ kopje / 75 g hele ongezouten amandelen, grof gehakt
- 2 theelepel sumak
- ½ theelepel chilivlokken
- 5 oz / 150 g babyspinazieblaadjes
- 2 el vers geperst citroensap
- zout

INSTRUCTIES:
a) Doe de azijn, ui en dadels in een kleine kom. Voeg een snufje zout toe en meng goed met je handen. Laat 20 minuten marineren, giet de resterende azijn af en gooi deze weg.

b) Verhit ondertussen de boter en de helft van de olijfolie in een middelgrote koekenpan op middelhoog vuur. Voeg de pita en amandelen toe en kook 4 tot 6 minuten, onder voortdurend roeren, tot de pita knapperig en goudbruin is. Haal van het vuur en meng de sumak, chilivlokken en ¼ theelepel zout erdoor. Zet opzij om af te koelen.

c) Als je klaar bent om te serveren, doe je de spinazieblaadjes met de pitamix in een grote mengkom. Voeg de dadels en de rode ui, de resterende olijfolie, het citroensap en nog een snufje zout toe. Proef of het op smaak is en serveer onmiddellijk.

48. Geroosterde pompoen met za'atar

INGREDIËNTEN:
- 1 grote flespompoen (2½ lb / 1,1 kg in totaal), gesneden in partjes van ¾ bij 2½ inch / 2 bij 6 cm
- 2 rode uien, in partjes van 3 cm gesneden
- 3½ el / 50 ml olijfolie
- 3½ eetlepel lichte tahinipasta
- 1½ eetl citroensap
- 2 eetlepels water
- 1 klein teentje knoflook, geperst
- 3½ el / 30 g pijnboompitten
- 1 eetl Za'atar
- 1 eetl grof gesneden platte peterselie
- Maldon zeezout en versgemalen zwarte peper

INSTRUCTIES:
a) Verwarm de oven voor op 240°C.
b) Doe de pompoen en ui in een grote mengkom, voeg 3 eetlepels olie, 1 theelepel zout en wat zwarte peper toe en meng goed. Verdeel ze met de schil naar beneden over een bakplaat en rooster ze 30 tot 40 minuten in de oven, tot de groenten wat kleur hebben gekregen en gaar zijn. Houd de uien in de gaten, deze koken mogelijk sneller dan de pompoen en moeten eerder worden verwijderd. Haal uit de oven en laat afkoelen.
c) Om de saus te maken, doe je de tahini in een kleine kom, samen met het citroensap, water, knoflook en ¼ theelepel zout. Klop tot de saus de consistentie van honing heeft, voeg indien nodig meer water of tahini toe.
d) Giet de resterende 1½ theelepel olie in een kleine koekenpan en plaats op middelhoog vuur. Voeg de pijnboompitten toe samen met ½ theelepel zout en kook 2 minuten, onder regelmatig roeren, tot de noten goudbruin zijn. Haal van het vuur en doe de noten en olie in een kleine kom om het koken te stoppen.
e) Verdeel de groenten voor het serveren over een grote serveerschaal en besprenkel met de tahini. Strooi de pijnboompitten en hun olie erover, gevolgd door de za'atar en peterselie.

49. Gemengde bonensalade

INGREDIËNTEN:
- 280 g gele bonen, schoongemaakt (indien niet beschikbaar, dubbele hoeveelheid sperziebonen)
- 280 g sperziebonen, schoongemaakt
- 2 rode paprika's, in reepjes van 0,5 cm gesneden
- 3 eetlepels olijfolie, plus 1 theelepel voor de paprika's
- 3 teentjes knoflook, in dunne plakjes gesneden
- 6 el / 50 g kappertjes, afgespoeld en drooggedept
- 1 theelepel komijnzaad
- 2 theelepel korianderzaad
- 4 groene uien, in dunne plakjes gesneden
- ⅓ kopje / 10 g dragon, grof gesneden
- ⅔ kopje / 20 g geplukte kervelblaadjes (of een mengsel van geplukte dille en geraspte peterselie)
- geraspte schil van 1 citroen
- zout en versgemalen zwarte peper

INSTRUCTIES:
a) Verwarm de oven voor op 220°C.
b) Breng een grote pan met ruim water aan de kook en voeg de gele bonen toe. Voeg na 1 minuut de sperziebonen toe en kook nog eens 4 minuten, of tot de bonen gaar maar nog knapperig zijn. Verfris onder ijskoud water, laat uitlekken, dep ze droog en doe ze in een grote mengkom.
c) Meng ondertussen de paprika's met 1 theelepel olie, spreid ze uit op een bakplaat en plaats ze 5 minuten in de oven, of tot ze gaar zijn. Haal het uit de oven en doe het in de kom met de gekookte bonen.
d) Verhit de 3 eetlepels olijfolie in een kleine pan. Voeg de knoflook toe en kook gedurende 20 seconden; Voeg de kappertjes toe (pas op, ze spugen!) en bak nog eens 15 seconden. Voeg het komijn- en korianderzaad toe en bak nog eens 15 seconden. De knoflook zou nu goudbruin moeten zijn. Haal van het vuur en giet de inhoud van de pan onmiddellijk over de bonen. Meng en voeg de groene uien, kruiden, citroenschil, een royale ¼ theelepel zout en zwarte peper toe.
e) Serveer of bewaar het maximaal een dag in de koelkast. Vergeet niet om het weer op kamertemperatuur te brengen voordat u het serveert.

50. Wortelgroentensla met labneh

INGREDIËNTEN:
- 3 middelgrote bieten (1 lb / 450 g in totaal)
- 2 middelgrote wortels (9 oz / 250 g in totaal)
- ½ knolselderijwortel (10 oz / 300 g in totaal)
- 1 middelgrote koolrabi (9 oz / 250 g in totaal)
- 4 eetlepels vers geperst citroensap
- 4 eetlepels olijfolie
- 3 eetlepels sherryazijn
- 2 theelepels superfijne suiker
- ¾ kopje / 25 g korianderblaadjes, grof gehakt
- ¾ kopje / 25 g muntblaadjes, versnipperd
- ⅔ kopje / 20 g bladpeterselie, grof gehakt
- ½ el geraspte citroenschil
- 1 kop / 200 g labneh (gekocht in de winkel of zie recept)
- zout en versgemalen zwarte peper
- Schil alle groenten en snijd ze in dunne plakjes, ongeveer 1/16 kleine hete chili , fijngehakt

INSTRUCTIES:
a) Doe het citroensap, de olijfolie, de azijn, de suiker en 1 theelepel zout in een kleine pan. Breng zachtjes aan de kook en roer tot de suiker en het zout zijn opgelost. Haal van het vuur.

b) Giet de groentereepjes af en leg ze op keukenpapier om goed te drogen. Droog de kom en vervang de groenten. Giet de hete dressing over de groenten, meng goed en laat afkoelen. Zet minimaal 45 minuten in de koelkast.

c) Wanneer u klaar bent om te serveren, voegt u de kruiden, de citroenschil en 1 theelepel zwarte peper toe aan de salade. Meng goed, proef en voeg indien nodig meer zout toe. Stapel op serveerschalen en serveer met wat labneh ernaast.

51. Gebakken tomaten met knoflook

INGREDIËNTEN:
- 3 grote teentjes knoflook, geperst
- ½ kleine hete chili, fijngehakt
- 2 eetlepels gehakte platte peterselie
- 3 grote, rijpe maar stevige tomaten (ongeveer 450 g in totaal)
- 2 eetlepels olijfolie
- Maldon zeezout en versgemalen zwarte peper
- rustiek brood, om te serveren

INSTRUCTIES:
a) Meng de knoflook, chili en gehakte peterselie in een kleine kom en zet opzij. Top en staart van de tomaten en snijd ze verticaal in plakjes van ongeveer ⅔ inch / 1,5 cm dik.
b) Verhit de olie in een grote koekenpan op middelhoog vuur. Voeg de plakjes tomaat toe, breng op smaak met zout en peper en kook ongeveer 1 minuut, draai dan om, breng opnieuw op smaak met zout en peper en bestrooi met het knoflookmengsel. Blijf nog ongeveer een minuut koken, schud de pan af en toe, draai de plakjes dan opnieuw en kook nog een paar seconden, tot ze zacht maar niet papperig zijn.
c) Draai de tomaten op een serveerschaal, giet het sap uit de pan erover en serveer onmiddellijk, samen met het brood.

52. Gebakken bloemkool met tahini

INGREDIËNTEN:
- 2 kopjes / 500 ml zonnebloemolie
- 2 bloemkool met middelgrote bloemkolven (in totaal 1 kg / 2¼ lb), verdeeld in kleine roosjes
- 8 groene uien, elk verdeeld in 3 lange segmenten
- ¾ kopje / 180 g lichte tahinipasta
- 2 teentjes knoflook, geperst
- ¼ kopje / 15 g platte peterselie, gehakt
- ¼ kopje / 15 g gehakte munt, plus extra om af te maken
- ⅔ kopje / 150 g Griekse yoghurt
- ¼ kopje / 60 ml vers geperst citroensap, plus geraspte schil van 1 citroen
- 1 theelepel granaatappelmelasse, plus extra om af te maken
- ongeveer ¾ kopje / 180 ml water
- Maldon zeezout en versgemalen zwarte peper

INSTRUCTIES:

a) Verhit de zonnebloemolie in een grote pan die op middelhoog vuur staat. Gebruik een metalen tang of een metalen lepel, plaats voorzichtig een paar bloemkoolroosjes tegelijk in de olie en kook ze gedurende 2 tot 3 minuten, draai ze om zodat ze gelijkmatig kleuren. Eenmaal goudbruin, gebruik je een schuimspaan om de roosjes in een vergiet te tillen om uit te lekken. Bestrooi met een beetje zout. Ga in batches door tot je alle bloemkool op hebt. Bak vervolgens de groene uien in porties, maar slechts ongeveer 1 minuut. Voeg toe aan de bloemkool. Laat beide een beetje afkoelen.

b) Giet de tahinipasta in een grote mengkom en voeg de knoflook, gehakte kruiden, yoghurt, citroensap en -schil, granaatappelmelasse en wat zout en peper toe. Roer goed met een houten lepel terwijl je het water toevoegt. De tahinisaus wordt dikker en wordt losser als je water toevoegt. Voeg niet te veel toe, net genoeg om een dikke, maar toch gladde, gietbare consistentie te krijgen, een beetje zoals honing.

c) Voeg de bloemkool en groene uien toe aan de tahini en roer goed. Proef en pas de smaak aan. Misschien wil je ook meer citroensap toevoegen.

d) Schep voor het serveren in een serveerschaal en werk af met een paar druppels granaatappelmelasse en wat munt.

53.Tabouleh

INGREDIËNTEN:
- ½ kopje / 30 g fijne bulgurtarwe
- 2 grote tomaten, rijp maar stevig (10½ oz / 300 g in totaal)
- 1 sjalot, fijngehakt (3 el / 30 g in totaal)
- 3 eetlepels vers geperst citroensap, plus een beetje extra om af te maken
- 4 grote bosjes platte peterselie (5½ oz / 160 g in totaal)
- 2 bosjes munt (1 oz / 30 g in totaal)
- 2 theelepel gemalen piment
- 1 theelepel baharat kruidenmix (gekocht in de winkel of zie recept)
- ½ kopje / 80 ml olijfolie van topkwaliteit
- zaden van ongeveer ½ grote granaatappel (½ kopje / 70 g in totaal), optioneel
- zout en versgemalen zwarte peper

INSTRUCTIES:

a) Doe de bulgur in een fijne zeef en laat onder koud water lopen tot het water er helder uitziet en het meeste zetmeel is verwijderd. Breng over naar een grote mengkom.

b) Gebruik een klein gekarteld mes om de tomaten in plakjes van 0,5 cm dik te snijden. Snijd elke plak in reepjes van ¼ inch / 0,5 cm en vervolgens in dobbelsteentjes. Voeg de tomaten en hun sap toe aan de kom, samen met het sjalotten- en citroensap en roer goed.

c) Neem een paar takjes peterselie en druk ze stevig tegen elkaar aan. Gebruik een groot, zeer scherp mes om de meeste stelen af te snijden en weg te gooien. Gebruik nu het mes om de stengels en bladeren omhoog te bewegen, waarbij je het mes geleidelijk aan "voedt" om de peterselie zo fijn mogelijk te versnipperen en te voorkomen dat je stukken snijdt die breder zijn dan 1/16 inch / 1 mm. Voeg toe aan de kom.

d) Pluk de muntblaadjes van de stengels, pak er een paar stevig bij elkaar en hak ze fijn, net zoals je met de peterselie deed; Hak ze niet te veel fijn, want ze verkleuren vaak. Voeg toe aan de kom.

e) Voeg ten slotte de piment, baharat , olijfolie, granaatappel (indien gebruikt) en wat zout en peper toe. Proef en voeg eventueel nog wat zout en peper toe, eventueel een klein beetje citroensap, en serveer.

54.Sabih

INGREDIËNTEN:
- 2 grote aubergines (ongeveer 750 g in totaal)
- ongeveer 1¼ kopjes / 300 ml zonnebloemolie
- 4 sneetjes witbrood van goede kwaliteit, geroosterd, of verse en vochtige mini-pita's
- 1 kop / 240 ml Tahinisaus
- 4 grote vrije-uitloopeieren, hardgekookt, geschild en in plakjes van ⅜ inch / 1 cm dik gesneden of in vieren
- ongeveer 4 eetl Zhou
- amba of hartige mango-augurk (optioneel)
- zout en versgemalen zwarte peper

GEHAKTE SALADE
- 2 middelrijpe tomaten, in blokjes van ⅜ inch / 1 cm gesneden (ongeveer 1 kop / 200 g in totaal)
- 2 minikomkommers, in dobbelsteentjes van ⅜ inch / 1 cm gesneden (ongeveer 1 kop / 120 g in totaal)
- 2 groene uien, in dunne plakjes gesneden
- 1½ eetl gehakte platte peterselie
- 2 theelepels vers geperst citroensap
- 1½ el olijfolie

INSTRUCTIES:
a) Gebruik een dunschiller om de reepjes auberginehuid van boven naar beneden af te pellen, zodat de aubergines afwisselend reepjes zwarte schil en wit vruchtvlees (zebraachtig) overhouden . Snijd beide aubergines in de breedte in plakjes van 2,5 cm dik. Bestrooi ze aan beide kanten met zout, spreid ze uit op een bakplaat en laat ze minimaal 30 minuten staan om wat water te verwijderen. Gebruik papieren handdoeken om ze af te vegen.
b) Verhit de zonnebloemolie in een ruime koekenpan. Voorzichtig (de olie spuugt) bak de aubergineplakken in batches tot ze mooi donker zijn, één keer draaien, in totaal 6 tot 8 minuten . Voeg indien nodig olie toe terwijl u de batches kookt. Als je klaar bent, moeten de stukjes aubergine in het midden helemaal gaar zijn. Haal uit de pan en laat uitlekken op keukenpapier.
c) Maak de gesneden salade door alle ingrediënten te mengen en op smaak te brengen met peper en zout.
d) Leg vlak voor het serveren op elk bord 1 sneetje brood of pitabroodje. Schep 1 eetlepel tahinisaus over elke plak en leg de plakken aubergine er overlappend bovenop. Sprenkel er nog wat tahini over, maar zonder de plakjes aubergine volledig te bedekken. Kruid elk plakje ei met zout en peper en verdeel over de aubergine. Sprenkel er nog wat tahini over en schep er zoveel zhoug over als je wilt; wees voorzichtig, het is heet! Schep er eventueel ook de mango-augurk over. Serveer de groentesalade apart en schep er indien gewenst wat over elke portie.

SOEPEN

55. Bissara (tuinbonensoep)

INGREDIËNTEN:
- 2 kopjes gedroogde tuinbonen, een nacht geweekt
- 1 ui, fijngehakt
- 3 teentjes knoflook, fijngehakt
- 1/4 kop olijfolie
- 1 theelepel komijn
- Zout en peper naar smaak
- Citroenpartjes voor erbij

INSTRUCTIES:
a) Giet de geweekte tuinbonen af en spoel ze af.
b) Fruit in een grote pan de gesnipperde ui en de gehakte knoflook in olijfolie tot ze goudbruin zijn.
c) Voeg de tuinbonen toe aan de pot en bedek met water.
d) Breng aan de kook, zet het vuur lager en laat sudderen tot de bonen gaar zijn (ongeveer 1-2 uur).
e) Gebruik een blender of staafmixer om de soep tot een gladde massa te pureren.
f) Voeg komijn, zout en peper naar smaak toe. Pas indien nodig de consistentie aan met water.
g) Serveer warm met een scheutje olijfolie en partjes citroen.

56.Shorbat Adas (linzensoep)

INGREDIËNTEN:
- 1 kopje rode linzen, gespoeld
- 1 grote ui, fijngehakt
- 2 wortels, in blokjes gesneden
- 2 teentjes knoflook, fijngehakt
- 1 theelepel gemalen komijn
- 1 theelepel gemalen koriander
- 6 kopjes groente- of kippenbouillon
- Olijfolie
- Zout en peper naar smaak
- Citroenpartjes voor erbij

INSTRUCTIES:
a) Fruit in een pan de uien en knoflook in olijfolie tot ze zacht zijn.
b) Voeg linzen, wortels, komijn, koriander, zout en peper toe. Roer om te combineren.
c) Giet de bouillon erbij en breng aan de kook. Zet het vuur lager en laat sudderen tot de linzen gaar zijn.
d) Blend de soep als u een gladdere consistentie wenst. Serveer met een scheutje citroen.

57.Shorbat Freekeh (Freekeh-soep)

INGREDIËNTEN:
- 1 kopje freekeh , afgespoeld
- 1 pond lamsvlees of kip, in blokjes
- 1 ui, fijngehakt
- 2 wortels, in blokjes gesneden
- 2 eetlepels olijfolie
- 6 kopjes water of bouillon
- Zout en peper naar smaak
- Verse peterselie ter garnering

INSTRUCTIES:
a) Fruit de uien in een pan in olijfolie tot ze glazig zijn. Voeg vlees toe en bruin.
b) Voeg freekeh , wortels, zout en peper toe. Goed roeren.
c) Giet water of bouillon erbij en breng aan de kook. Zet het vuur lager en laat sudderen tot de freekeh gaar is.
d) Garneer voor het serveren met verse peterselie.

58.Shorbat Khodar (groentesoep)

INGREDIËNTEN:
- 1 courgette, in blokjes gesneden
- 2 wortels, in blokjes gesneden
- 1 aardappel, in blokjes gesneden
- 1 ui, fijngehakt
- 2 tomaten, gehakt
- 2 eetlepels olijfolie
- 6 kopjes groentebouillon
- 1/2 kop vermicelli of kleine pasta
- Zout en peper naar smaak
- Verse munt voor garnering

INSTRUCTIES:
a) Fruit de uien in een pan in olijfolie tot ze zacht zijn. Voeg courgette, wortels en aardappel toe.
b) Roer de tomaten, bouillon, zout en peper erdoor. Aan de kook brengen.
c) Voeg vermicelli toe en kook tot de groenten en pasta gaar zijn.
d) Garneer voor het serveren met verse munt.

59. Bee t Kubbeh (Kubbeh-soep)

INGREDIËNTEN:
VOOR DE KUBBEH:
- 1 grote gele ui, zeer fijn gesneden
- ¾ pond rundergehakt
- 1 theelepel koosjer zout
- ½ theelepel versgemalen zwarte peper, plus meer naar smaak
- 1 theelepel baharat
- ¼ kopje gehakte selderijblaadjes (optioneel)
- 3 kopjes fijn griesmeelmeel
- 1 ½ kopjes water, verdeeld
- 1 eetlepel koolzaadolie

VOOR DE SOEP:
- 1 eetlepel koolzaadolie
- 1 grote gele ui, fijngehakt
- 3 grote bieten, geschild en in stukjes van 1/2 inch
- 3 liter water
- 1 eetlepel kristalsuiker
- 4 theelepels koosjer zout
- Vers gemalen zwarte peper
- 3 eetlepels vers citroensap, verdelen
- Gehakte selderieblaadjes (optioneel)

INSTRUCTIES:
a) Maak de kubbehvulling: Doe 1 gesnipperde ui in een schone theedoek. Werk boven de gootsteen of een kom, knijp het eruit en gooi zoveel mogelijk vloeistof weg. Doe de uien in een grote kom. Voeg het rundvlees toe aan de grote kom, samen met het zout, de peper, de baharat en de gehakte selderijblaadjes, indien gebruikt. Meng met je handen tot alles gemengd is, dek de kom af en zet 30 minuten in de koelkast.

b) Maak de kubbehpasteitjes: Meng 3 kopjes griesmeelmeel, 1 kopje water, 1 theelepel zout en 1 eetlepel olie in een middelgrote kom tot een gladde massa. Kneed het mengsel in de kom totdat het een deeg vormt dat vochtig maar niet plakkerig is. Als het deeg plakkerig aanvoelt, kneed dan extra griesmeelmeel, 1 theelepel per keer. Als het deeg droog aanvoelt, voeg dan extra water toe, 1 theelepel per keer.

c) Snijd het deeg in twee stukken en houd één ervan afgedekt. Rol het andere stuk deeg uit op een werkoppervlak dat licht is bestrooid met griesmeelmeel, of tussen 2 stukken vetvrij papier tot het ⅛ inch dik is. Knip ongeveer 2 ½-inch rondjes uit en plaats de uitgesneden stukken op een stuk vetvrij papier. Rol het restje opnieuw op en blijf rondjes snijden totdat je het deeg opgebruikt. Je kunt de uitgesneden rondjes tussen lagen vetvrij papier stapelen.

d) Bekleed 1 tot 2 bakplaten met bakpapier. Haal de kubbehvulling uit de koelkast. Maak uw handen zo nodig nat om te voorkomen dat het mengsel blijft plakken, knijp een klein stukje van de kubbeh-vulling af en rol voorzichtig tot een bal van 2,5 cm. Plaats de bal kubbehvulling in het midden van een uitgerolde deegronde en knijp de uiteinden dicht. Rol de bal voorzichtig in je handen tot een bal om ervoor te zorgen dat het vlees goed in het deeg zit. Plaats op de voorbereide bakvorm. Herhaal het rollen, vullen en vormen totdat de resterende kubbeh-vulling en het deeg allemaal zijn gebruikt. Als u van plan bent deze kubbeh binnen 12 uur te bereiden , plaats deze dan in de koelkast; Als je langer wacht, vries de kubbeh dan op de bakplaat in tot hij stevig is, ongeveer 2 uur, doe hem dan in een luchtdichte verpakking en vries hem in tot hij klaar is om te koken.

e) Herhaal stap 2 tot en met 4 totdat al het deeg en het rundvleesmengsel zijn gebruikt.

f) Maak de soep: Verhit 1 eetlepel olie in een grote soeppan op middelhoog vuur. Fruit de 1 gesnipperde ui tot ze glazig is, ongeveer 4 minuten. Voeg de bieten toe en bak tot ze zacht zijn, ongeveer 7 tot 8 minuten. Voeg het water, de helft van het citroensap, de suiker, het zout, de peper en de selderijblaadjes toe (indien gebruikt) en breng het mengsel aan de kook. Laat de kubbeh voorzichtig in de soep vallen, zet het vuur laag en dek de pan af. Laat sudderen tot de kubbeh en de bieten gaar zijn, ongeveer 50 minuten.

g) Breng de soep op smaak met nog meer zout en peper. Voeg het resterende citroensap toe en serveer de soep onmiddellijk met een paar kubbeh per portie.

60.Shorbat Khodar (groentesoep)

INGREDIËNTEN:
- 1 ui, gehakt
- 2 wortels, in blokjes gesneden
- 2 courgettes , in blokjes gesneden
- 1 aardappel, in blokjes gesneden
- 1/2 kop sperziebonen, gehakt
- 1/4 kop linzen
- 1 theelepel gemalen komijn
- 1 theelepel gemalen koriander
- 6 kopjes groentebouillon
- Verse peterselie, gehakt (voor garnering)
- Olijfolie om te besprenkelen
- Zout en peper naar smaak

INSTRUCTIES:
a) Fruit de uien in een pan tot ze glazig zijn.
b) Voeg wortels, courgette, aardappel, sperziebonen, linzen, komijn en koriander toe. Goed roeren.
c) Giet de groentebouillon erbij en breng aan de kook. Zet het vuur lager en laat sudderen tot de groenten gaar zijn.
d) Breng op smaak met zout en peper. Garneer met verse peterselie en besprenkel met olijfolie voordat je het serveert.

61.Plantaardige Shurba

INGREDIËNTEN:
- 2 eetlepels plantaardige olie
- 1 ui, fijngehakt
- 2 wortels, geschild en in blokjes
- 2 aardappelen, geschild en in blokjes
- 1 courgette, in blokjes gesneden
- 1 kop sperziebonen, gehakt
- 2 tomaten, in blokjes gesneden
- 3 teentjes knoflook, fijngehakt
- 1 theelepel gemalen komijn
- 1 theelepel gemalen koriander
- 1 theelepel gemalen kurkuma
- Zout en peper naar smaak
- 6 kopjes groentebouillon
- 1/2 kop vermicelli of kleine pasta
- Verse peterselie ter garnering

INSTRUCTIES:
a) Verhit plantaardige olie in een grote pan op middelhoog vuur. Voeg gehakte uien en gehakte knoflook toe, bak tot ze zacht zijn.
b) Voeg in blokjes gesneden wortels, aardappelen, courgette, sperziebonen en tomaten toe aan de pot. Kook ongeveer 5 minuten, af en toe roerend.
c) Strooi gemalen komijn, koriander, kurkuma, zout en peper over de groenten. Roer goed om de groenten met de kruiden te bedekken.
d) Giet de groentebouillon erbij en breng het mengsel aan de kook. Zodra het kookt, zet je het vuur laag en laat je het ongeveer 15-20 minuten koken, of tot de groenten gaar zijn.
e) Voeg vermicelli of kleine pasta toe aan de pan en kook volgens de instructies op de verpakking tot ze beetgaar zijn.
f) Pas indien nodig de smaak aan en laat de soep nog eens 5 minuten sudderen, zodat de smaken zich kunnen vermengen.
g) Serveer warm, gegarneerd met verse peterselie.

62. Waterkers -kikkererwtensoep met rozenwater

INGREDIËNTEN:
- 2 middelgrote wortels (9 oz / 250 g in totaal), gesneden in blokjes van ¾ inch / 2 cm
- 3 eetlepels olijfolie
- 2½ tl ras el hanout
- ½ theelepel gemalen kaneel
- 1½ kopjes / 240 g gekookte kikkererwten, vers of uit blik
- 1 middelgrote ui, in dunne plakjes gesneden
- 2½ el / 15 g geschilde en fijngehakte verse gember
- 2½ kopjes / 600 ml groentebouillon
- 200 g waterkers
- 3½ oz / 100 g spinazieblaadjes
- 2 theelepels superfijne suiker
- 1 theelepel rozenwater
- zout
- Griekse yoghurt, om te serveren (optioneel)
- Verwarm de oven voor op 220°C.

INSTRUCTIES

a) Meng de wortels met 1 eetlepel olijfolie, de ras el hanout, kaneel en een flinke snuf zout en verdeel ze plat in een met bakpapier beklede braadslee. Zet 15 minuten in de oven, voeg dan de helft van de kikkererwten toe, roer goed en kook nog eens 10 minuten, tot de wortel zacht wordt maar nog wel een hapje heeft.

b) Doe ondertussen de ui en gember in een grote pan. Fruit de ui met de overgebleven olijfolie ongeveer 10 minuten op middelhoog vuur, tot de ui helemaal zacht en goudbruin is. Voeg de resterende kikkererwten, bouillon, waterkers, spinazie, suiker en ¾ theelepel zout toe, roer goed en breng aan de kook. Kook een minuut of twee, totdat de bladeren verwelken.

c) Gebruik een keukenmachine of blender en maal de soep tot een gladde massa. Voeg het rozenwater toe, roer, proef en voeg eventueel meer zout of rozenwater toe. Zet opzij totdat de wortel en kikkererwten klaar zijn en verwarm vervolgens opnieuw om te serveren.

d) Verdeel de soep over vier kommen en garneer met de hete wortel en kikkererwten en eventueel ongeveer 2 theelepels yoghurt per portie.

63. Hete yoghurt en gerstsoep

INGREDIËNTEN:
- 6¾ kopjes / 1,6 liter water
- 1 kopje / 200 g parelgort
- 2 middelgrote uien, fijngehakt
- 1½ theelepel gedroogde munt
- 4 eetlepels / 60 g ongezouten boter
- 2 grote eieren, losgeklopt
- 2 kopjes / 400 g Griekse yoghurt
- ⅔ oz / 20 g verse munt, gehakt
- ⅓ oz / 10 g platte peterselie, gehakt
- 3 groene uien, in dunne plakjes gesneden
- zout en versgemalen zwarte peper

INSTRUCTIES

a) Breng het water met de gerst in een grote pan aan de kook, voeg 1 theelepel zout toe en laat sudderen tot de gerst gaar is, maar nog steeds al dente, 15 tot 20 minuten. Haal van het vuur. Eenmaal gekookt heb je 1,1 liter kookvocht nodig voor de soep; vul water bij als je door verdamping minder overhoudt.

b) Terwijl de gerst kookt, bak je de ui en de gedroogde munt op middelhoog vuur in de boter tot ze zacht zijn, ongeveer 15 minuten. Voeg dit toe aan de gekookte gerst.

c) Klop de eieren en yoghurt samen in een grote hittebestendige mengkom. Voeg langzaam wat gerst en water toe, pollepel voor lepel, tot de yoghurt is opgewarmd. Hierdoor worden de yoghurt en de eieren getempereerd en voorkomen ze dat ze splijten wanneer ze aan de hete vloeistof worden toegevoegd.

d) Voeg de yoghurt toe aan de soeppan en zet het geheel onder voortdurend roeren op middelhoog vuur tot de soep heel licht kookt. Haal van het vuur, voeg de gehakte kruiden en groene uien toe en controleer de smaak.

e) Heet opdienen.

64.Pistache soep

INGREDIËNTEN:
- 2 eetlepels kokend water
- ¼ theelepel saffraandraadjes
- 1⅔ kopjes / 200 g gepelde ongezouten pistachenoten
- 2 eetlepels / 30 g ongezouten boter
- 4 sjalotten, fijngehakt (3½ oz / 100 g in totaal)
- 1 oz / 25 g gember, geschild en fijngehakt
- 1 prei, fijngehakt (1¼ kopjes / 150 g in totaal)
- 2 theelepel gemalen komijn
- 3 kopjes / 700 ml groentebouillon
- ⅓ kopje / 80 ml vers geperst sinaasappelsap
- 1 eetl vers geperst citroensap
- zout en versgemalen zwarte peper
- zure room, om te serveren

INSTRUCTIES:

a) Verwarm de oven voor op 180°C. Giet het kokende water over de saffraandraadjes in een klein kopje en laat 30 minuten trekken.

b) Om de pistacheschillen te verwijderen, blancheert u de noten 1 minuut in kokend water, laat ze uitlekken en terwijl ze nog heet zijn, verwijdert u de schil door de noten tussen uw vingers te drukken. Niet alle velletjes zullen loslaten zoals bij amandelen (dit is prima omdat het de soep niet aantast), maar het verwijderen van een deel van het velletje zal de kleur verbeteren, waardoor het helderder groen wordt. Verdeel de pistachenoten over een bakplaat en rooster ze 8 minuten in de oven. Verwijder en laat afkoelen.

c) Verhit de boter in een grote pan en voeg de sjalotjes, gember, prei, komijn, ½ theelepel zout en wat zwarte peper toe. Bak op middelhoog vuur gedurende 10 minuten, onder regelmatig roeren, tot de sjalotjes helemaal zacht zijn. Voeg de bouillon en de helft van het saffraanvocht toe. Dek de pan af, zet het vuur lager en laat de soep 20 minuten koken.

d) Doe op 1 eetlepel na alle pistachenoten in een grote kom, samen met de helft van de soep. Gebruik een handblender om het mengsel tot een gladde massa te mixen en doe het dan terug in de pan. Voeg het sinaasappel- en citroensap toe, verwarm opnieuw en proef om de smaak aan te passen.

e) Snijd voor het serveren de achtergehouden pistachenoten grof. Doe de hete soep in kommen en garneer met een lepel zure room. Bestrooi met de pistachenoten en besprenkel met het resterende saffraanvocht.

65. van verbrande aubergine en mograbieh

INGREDIËNTEN:
- 5 kleine aubergines (ongeveer 1,2 kg in totaal)
- zonnebloemolie, om te frituren
- 1 ui, in plakjes gesneden (ongeveer 1 kop / 125 g in totaal)
- 1 el komijnzaad, vers gemalen
- 1½ theelepel tomatenpuree
- 2 grote tomaten (12 oz / 350 g in totaal), ontveld en in blokjes gesneden
- 1½ kopjes / 350 ml groentebouillon
- 1⅔ kopjes / 400 ml water
- 4 teentjes knoflook, geperst
- 2½ theelepel suiker
- 2 el vers geperst citroensap
- ⅓ kopje / 100 g mograbieh, of alternatief, zoals maftoul, fregola of gigantische couscous (zie paragraaf over Couscous)
- 2 eetlepels geraspte basilicum, of 1 eetlepel gehakte dille, optioneel
- zout en versgemalen zwarte peper

INSTRUCTIES:

a) Begin met het verbranden van drie aubergines. Volg hiervoor de instructies voor Gebrande aubergine met knoflook-, citroen- en granaatappelpitjes .

b) Snijd de resterende aubergines in dobbelstenen van ⅔ inch / 1,5 cm. Verhit ongeveer ⅔ kopje / 150 ml olie in een grote pan op middelhoog vuur. Als het warm is, voeg je de aubergineblokjes toe. Bak gedurende 10 tot 15 minuten, vaak roerend, tot het geheel gekleurd is; Voeg eventueel nog wat olie toe, zodat er altijd wat olie in de pan zit. Haal de aubergine eruit, doe hem in een vergiet, laat uitlekken en bestrooi met zout.

c) Zorg ervoor dat er nog ongeveer 1 eetlepel olie in de pan zit, voeg dan de ui en de komijn toe en bak ongeveer 7 minuten, terwijl je regelmatig roert. Voeg de tomatenpuree toe en kook nog een minuut voordat je de tomaten, bouillon, water, knoflook, suiker, citroensap, 1½ theelepel zout en wat zwarte peper toevoegt. Laat 15 minuten zachtjes sudderen.

d) Breng ondertussen een kleine pan met gezouten water aan de kook en voeg de mograbieh of een alternatief toe. Kook tot al dente; dit varieert afhankelijk van het merk, maar duurt 15 tot 18 minuten (controleer de verpakking). Giet af en verfris onder koud water.

e) Doe het verbrande auberginevlees bij de soep en maal het met een staafmixer tot een gladde vloeistof. Voeg de mograbieh en de gebakken aubergine toe, bewaar wat voor de garnering op het einde, en laat nog 2 minuten sudderen. Proef en pas de smaak aan. Serveer warm, met de gereserveerde mograbieh en gebakken aubergine er bovenop en gegarneerd met basilicum of dille, als je wilt.

66.Tomaten- en zuurdesemsoep

INGREDIËNTEN:
- 2 el olijfolie, plus extra om af te maken
- 1 grote ui, gehakt (1⅔ kopjes / 250 g in totaal)
- 1 theelepel komijnzaad
- 2 teentjes knoflook, geperst
- 3 kopjes / 750 ml groentebouillon
- 4 grote rijpe tomaten, gehakt (4 kopjes / 650 g in totaal)
- één blikje van 400 g gehakte Italiaanse tomaten
- 1 el superfijne suiker
- 1 sneetje zuurdesembrood (1½ oz / 40 g in totaal)
- 2 eetlepels gehakte koriander, plus extra om af te maken
- zout en versgemalen zwarte peper

INSTRUCTIES:

a) Verhit de olie in een middelgrote pan en voeg de ui toe. Bak ongeveer 5 minuten, vaak roerend, tot de ui glazig is. Voeg de komijn en knoflook toe en bak 2 minuten. Giet de bouillon, beide soorten tomaten, de suiker, 1 theelepel zout en een flinke hoeveelheid zwarte peper erbij.

b) Breng de soep zachtjes aan de kook en kook gedurende 20 minuten. Voeg halverwege het koken het in stukjes gescheurde brood toe.

c) Voeg ten slotte de koriander toe en pureer met een blender enkele pulsen, zodat de tomaten uiteenvallen maar nog steeds een beetje grof en brokkelig zijn. De soep moet behoorlijk dik zijn; voeg een beetje water toe als het op dit punt te dik is. Serveer, besprenkeld met olie en bestrooid met verse koriander.

SALADES

67. Tomaat-komkommersalade

INGREDIËNTEN:
- 4 tomaten, in blokjes gesneden
- 2 komkommers, in blokjes gesneden
- 1 rode ui, fijngehakt
- 1 groene chilipeper, fijngehakt
- Verse koriander, gehakt
- Sap van 2 citroenen
- Zout en peper naar smaak

INSTRUCTIES:
a) Combineer tomaten, komkommers, rode ui, groene chili en koriander in een kom.
b) Voeg citroensap, zout en peper toe. Gooi om te combineren.
c) Zet het een uur in de koelkast voordat u het serveert.

68.Kikkererwtensalade (Salatat Hummus)

INGREDIËNTEN:
- 2 kopjes gekookte kikkererwten
- 1 komkommer, in blokjes gesneden
- 1 tomaat, in blokjes gesneden
- 1/2 rode ui, fijngehakt
- 1/4 kop gehakte verse munt
- 1/4 kop gehakte verse peterselie
- Sap van 1 citroen
- 2 eetlepels olijfolie
- Zout en peper naar smaak

INSTRUCTIES:
a) Meng in een kom kikkererwten, komkommer, tomaat, rode ui, munt en peterselie.
b) Besprenkel met citroensap en olijfolie.
c) Breng op smaak met zout en peper.
d) Meng de salade goed en serveer gekoeld.

69.Tabouleh-salade

INGREDIËNTEN:
- 1 kopje bulgurtarwe, 1 uur geweekt in heet water
- 2 kopjes verse peterselie, fijngehakt
- 1 kopje verse muntblaadjes, fijngehakt
- 4 tomaten, in fijne blokjes gesneden
- 1 komkommer, fijngesneden
- 1/2 kop rode ui, fijngehakt
- Sap van 3 citroenen
- Olijfolie
- Zout en peper naar smaak

INSTRUCTIES:
a) Giet de geweekte bulgur af en doe deze in een grote kom.
b) Voeg gehakte peterselie, munt, tomaten, komkommer en rode ui toe.
c) Meng in een kleine kom het citroensap en de olijfolie. Giet over de salade.
d) Breng op smaak met zout en peper. Meng goed en zet minimaal 30 minuten in de koelkast voordat u het serveert.

70.Fattoush-salade

INGREDIËNTEN:
- 2 kopjes gemengde saladegroenten (sla, rucola, radicchio)
- 1 komkommer, in blokjes gesneden
- 2 tomaten, in blokjes gesneden
- 1 rode paprika, gehakt
- 1/2 kopje radijsjes, in plakjes gesneden
- 1/4 kopje verse muntblaadjes, gehakt
- 1/4 kop verse peterselie, gehakt
- 1/4 kop olijfolie
- Sap van 1 citroen
- 1 theelepel sumak
- Zout en peper naar smaak
- Pitabroodje, geroosterd en in stukjes gebroken

INSTRUCTIES:
a) Meng in een grote kom de saladegroenten, komkommer, tomaten, paprika, radijsjes, munt en peterselie.
b) Meng in een kleine kom olijfolie, citroensap, sumak, zout en peper.
c) Giet de dressing over de salade en roer door elkaar.
d) Beleg voor het serveren met geroosterde stukjes pitabrood.

71. Bloemkool-, bonen- en rijstsalade

INGREDIËNTEN:
VOOR DE SALADE:
- 1 kop gekookte basmatirijst, gekoeld
- 1 kleine bloemkoolkroon, in roosjes gesneden
- bruine bonen (15 oz), uitgelekt en afgespoeld
- 1/2 kop gehakte verse peterselie
- 1/4 kop gehakte verse muntblaadjes
- 1/4 kop gesneden groene uien

VOOR DE DRESSING:
- 3 eetlepels olijfolie
- 2 eetlepels citroensap
- 1 theelepel gemalen komijn
- 1 theelepel gemalen koriander
- Zout en peper naar smaak

INSTRUCTIES:
a) Verwarm de oven voor op 200 °C.
b) Meng de bloemkoolroosjes met een beetje olijfolie, zout en peper.
c) Verdeel ze over een bakplaat en rooster ze ongeveer 20-25 minuten, of tot ze goudbruin en gaar zijn. Laat het afkoelen.
d) Kook de basmatirijst volgens de instructies op de verpakking. Eenmaal gekookt, laat het afkoelen tot kamertemperatuur.
e) Meng in een kleine kom olijfolie, citroensap, gemalen komijn, gemalen koriander, zout en peper. Pas de kruiden aan naar jouw smaak.
f) Meng in een grote slakom de gekoelde rijst, geroosterde bloemkool, bruine bonen, gehakte peterselie, gehakte munt en gesneden groene uien.
g) Giet de dressing over de salade-ingrediënten en roer voorzichtig tot alles goed bedekt is.
h) Zet de salade minimaal 30 minuten in de koelkast voordat je hem serveert, zodat de smaken zich kunnen vermengen.
i) Serveer gekoeld en garneer eventueel met extra verse kruiden.

72. Dadel- en walnotensalade

INGREDIËNTEN:
- 1 kopje gemengde saladegroenten
- 1 kopje dadels, ontpit en gehakt
- 1/2 kopje walnoten, gehakt
- 1/4 kop fetakaas, verkruimeld
- Balsamicovinaigrettedressing

INSTRUCTIES:
a) Schik de groene salades op een serveerschaal.
b) Strooi gehakte dadels, walnoten en verkruimelde fetakaas over de greens.
c) Besprenkel met balsamicovinaigrettedressing.
d) Voor het serveren voorzichtig omscheppen.

73.Wortel- en sinaasappelsalade

INGREDIËNTEN:
- 4 kopjes geraspte wortelen
- 2 sinaasappels, geschild en in partjes
- 1/4 kop rozijnen
- 1/4 kopje gehakte pistachenoten
- Sinaasappelvinaigrettedressing

INSTRUCTIES:
a) Meng in een grote kom geraspte wortels, sinaasappelpartjes, rozijnen en pistachenoten.
b) Besprenkel met sinaasappelvinaigrettedressing.
c) Meng goed en zet minimaal 30 minuten in de koelkast voordat u het serveert.

NAGERECHT

74.Knafeh

INGREDIËNTEN:

- 1 lb kataifi- deeg (geraspt filodeeg)
- 1 kopje ongezouten boter, gesmolten
- 2 kopjes akkawi -kaas, versnipperd (of mozzarella)
- 1 kopje eenvoudige siroop (suiker en water)
- Gemalen pistachenoten voor garnering

INSTRUCTIES:

a) Meng het kataifi- deeg met gesmolten boter en druk de helft in een ovenschaal.
b) Strooi de geraspte kaas over het deeg.
c) Bedek met het resterende kataifi- deeg en bak tot het goudbruin is.
d) Giet de eenvoudige siroop over de hete knafeh en garneer met gemalen pistachenoten.

75.Atayef

INGREDIËNTEN:
- 2 kopjes All-purpose Flour
- 1 eetlepel suiker
- 1 theelepel bakpoeder
- 1 kopje water
- 1 kopje zoete kaas of noten (voor vulling)
- Eenvoudige siroop om te besprenkelen

INSTRUCTIES:
a) Meng bloem, suiker, bakpoeder en water tot een beslag.
b) Giet kleine cirkels beslag op een hete bakplaat om minipannenkoekjes te maken.
c) Plaats een lepel zoete kaas of noten in het midden van elke pannenkoek.
d) Vouw de pannenkoek dubbel, sluit de randen af en bak hem goudbruin.
e) Besprenkel met eenvoudige siroop voor het serveren.

76. Basbousa (Revani)

INGREDIËNTEN:
- 1 kopje griesmeel
- 1 kopje yoghurt
- 1 kop gedroogde kokosnoot
- 1 kopje suiker
- 1/2 kopje ongezouten boter, gesmolten
- 1 theelepel bakpoeder
- 1/4 kopje geblancheerde amandelen (voor garnering)
- Simpele siroop

INSTRUCTIES:
a) Meng griesmeel, yoghurt, kokosnoot, suiker, gesmolten boter en bakpoeder in een kom.
b) Giet het beslag in een ingevette ovenschaal en strijk de bovenkant glad.
c) Bak tot ze goudbruin zijn. Terwijl het nog heet is, snijd je het in diamant- of vierkante vormen.
d) Garneer met geblancheerde amandelen en giet eenvoudige siroop over de warme basbousa .

77.Tamriyeh (koekjes met datumvulling)

INGREDIËNTEN:
- 2 kopjes All-purpose Flour
- 1 kopje ongezouten boter, verzacht
- 1 kopje dadels, ontpit en gehakt
- 1/2 kop gehakte walnoten
- 1/4 kopje suiker
- 1 theelepel gemalen kaneel
- Poedersuiker om te bestuiven

INSTRUCTIES:
a) Meng in een kom de bloem en de zachte boter tot een deeg.
b) Meng in een aparte kom dadels, walnoten, suiker en kaneel voor de vulling.
c) Neem kleine porties van het deeg, maak het plat en plaats een lepel dadelmengsel in het midden.
d) Vouw het deeg over de vulling, sluit de randen af en vorm het tot een halve maan.
e) Bak tot ze goudbruin zijn en bestrooi ze met poedersuiker voordat je ze serveert.

78. Qatayef

INGREDIËNTEN:
- 2 kopjes All-purpose Flour
- 1 theelepel bakpoeder
- 1 eetlepel suiker
- 1 1/2 kopjes water
- 1 kopje zoete kaas of noten (voor vulling)
- Eenvoudige siroop om te besprenkelen
- Gemalen pistachenoten voor garnering

INSTRUCTIES:
a) Meng bloem, bakpoeder, suiker en water tot een beslag.
b) Giet kleine cirkels beslag op een hete bakplaat om pannenkoeken te maken.
c) Plaats een lepel zoete kaas of noten in het midden en vouw de pannenkoek dubbel en sluit de randen af.
d) Bak tot ze goudbruin zijn. Besprenkel met eenvoudige siroop en garneer met gemalen pistachenoten.

79. Harisseh

INGREDIËNTEN:
- 1 kopje griesmeel
- 1 kopje yoghurt
- 1/2 kopje suiker
- 1/4 kopje geklaarde boter (ghee)
- 1/4 kop gedroogde kokosnoot
- 1 theelepel bakpoeder
- Eenvoudige siroop om te besprenkelen
- Amandelen ter garnering

INSTRUCTIES:
a) Meng griesmeel, yoghurt, suiker, geklaarde boter, gedroogde kokosnoot en bakpoeder.
b) Giet het beslag in een ingevette ovenschaal en strijk de bovenkant glad.
c) Bak tot ze goudbruin zijn. Terwijl het nog warm is, snijd het in vierkanten en besprenkel met eenvoudige siroop.
d) Garneer met amandelen.

80. Sesam-amandelvierkantjes

INGREDIËNTEN:
- 1 kopje geroosterde sesamzaadjes
- 1 kopje suiker
- 1/4 kopje water
- 1 kopje geblancheerde amandelen, gehakt
- 1 eetlepel rozenwater (optioneel)

INSTRUCTIES:
a) Rooster de sesamzaadjes in een pan goudbruin.
b) Meng in een aparte pan de suiker en het water tot een siroop.
c) Voeg sesamzaadjes, amandelen en rozenwater toe aan de siroop. Goed mengen.
d) Giet het mengsel in een ingevette schaal, laat afkoelen en snijd het in vierkanten.

81. Awameh

INGREDIËNTEN:
- 2 kopjes All-purpose Flour
- 1 eetlepel yoghurt
- 1 theelepel bakpoeder
- Water (indien nodig)
- Plantaardige olie om te frituren
- Eenvoudige siroop om te weken

INSTRUCTIES:
a) Meng bloem, yoghurt en bakpoeder. Voeg geleidelijk water toe tot een dik beslag ontstaat.
b) Verhit olie in een diepe pan. Laat kleine porties van het beslag met een lepel in de hete olie vallen.
c) Bak tot ze goudbruin zijn en laat ze een paar minuten in eenvoudige siroop weken.
d) Serveer de awameh warm.

82.Rozenkoekjes (Qurabiya)

INGREDIËNTEN:
- 2 kopjes griesmeel
- 1 kopje ghee, gesmolten
- 1 kopje poedersuiker
- 1 theelepel rozenwater
- Gehakte pistachenoten voor garnering

INSTRUCTIES:
a) Meng griesmeel, gesmolten ghee, poedersuiker en rozenwater in een kom tot een deeg.
b) Vorm het deeg tot kleine koekjes.
c) Plaats de koekjes op een bakplaat.
d) Bak in een voorverwarmde oven op 175°C gedurende ongeveer 15-20 minuten of tot ze goudbruin zijn.
e) Garneer met gehakte pistachenoten en laat ze afkoelen voordat je ze serveert.

83. Banaan- en dadeltaart

INGREDIËNTEN:
- 1 vel kant-en-klaar bladerdeeg
- 3 rijpe bananen, in plakjes gesneden
- 1 kopje dadels, ontpit en gehakt
- 1/2 kopje honing
- Gehakte noten ter garnering

INSTRUCTIES:
a) Rol het bladerdeegblad uit en leg het in een taartvorm.
b) Verdeel de gesneden bananen en de gehakte dadels over het deeg.
c) Druppel honing over de vruchten.
d) Bak in een voorverwarmde oven op 190°C gedurende ongeveer 20-25 minuten of tot het deeg goudbruin is.
e) Garneer voor het serveren met gehakte noten.

84. Saffraan-ijs

INGREDIËNTEN:
- 2 kopjes zware room
- 1 kopje gecondenseerde melk
- 1/2 kopje suiker
- 1 theelepel saffraandraadjes, geweekt in warm water
- Gehakte pistachenoten voor garnering

INSTRUCTIES:
a) Klop de slagroom in een kom tot er stijve pieken ontstaan.
b) Meng in een aparte kom de gecondenseerde melk, suiker en met saffraan doordrenkt water.
c) Spatel het gecondenseerde melkmengsel voorzichtig door de slagroom.
d) Doe het mengsel in een bakje en vries het minimaal 4 uur in.
e) Garneer voor het serveren met gehakte pistachenoten.

85. Crème Karamel (Muhallabia)

INGREDIËNTEN:
- 1/2 kop rijstmeel
- 4 kopjes melk
- 1 kopje suiker
- 1 theelepel rozenwater
- 1 theelepel oranjebloesemwater
- Gehakte pistachenoten voor garnering

INSTRUCTIES:
a) Los in een pan rijstmeel op in een kleine hoeveelheid melk, zodat er een gladde pasta ontstaat.
b) Verwarm de resterende melk en suiker in een aparte pan op middelhoog vuur.
c) Voeg de rijstmeelpasta toe aan het melkmengsel en roer voortdurend tot het mengsel dikker wordt.
d) Haal van het vuur en roer het rozenwater en oranjebloesemwater erdoor.
e) Giet het mengsel in serveerschalen en laat het afkoelen.
f) Zet in de koelkast tot het is ingesteld.
g) Garneer voor het serveren met gehakte pistachenoten.

86. Mamoul met dadels

INGREDIËNTEN:
VOOR HET DEEG:
- 3 kopjes griesmeel
- 1 kopje bloem voor alle doeleinden
- 1 kopje ongezouten boter, gesmolten
- 1/2 kopje kristalsuiker
- 1/4 kopje rozenwater of oranjebloesemwater
- 1/4 kopje melk
- 1 theelepel bakpoeder

VOOR DE DATUMVULLING:
- 2 kopjes ontpitte dadels, gehakt
- 1/2 kopje water
- 1 eetlepel boter
- 1 theelepel gemalen kaneel

VOOR AFSTOFFEN (OPTIONEEL):
- Poedersuiker om te bestuiven

INSTRUCTIES:
DATUM VULLEN:
a) Meng in een pan gehakte dadels, water, boter en gemalen kaneel.
b) Kook op middelhoog vuur, onder voortdurend roeren, tot de dadels zacht worden en het mengsel dikker wordt tot een pasta-achtige consistentie.
c) Haal van het vuur en laat afkoelen.

MAMOUL DEEG:
d) Meng griesmeel, bloem voor alle doeleinden en bakpoeder in een grote mengkom.
e) Voeg gesmolten boter toe aan het bloemmengsel en meng goed.
f) Meng in een aparte kom suiker, rozenwater (of oranjebloesemwater) en melk. Roer tot de suiker is opgelost.
g) Voeg het vloeibare mengsel toe aan het bloemmengsel en kneed tot je een glad deeg hebt. Als het deeg te kruimelig is, kun je nog wat gesmolten boter of melk toevoegen.
h) Dek het deeg af en laat het ongeveer 30 minuten tot een uur rusten.

MAMOUL-KOEKJES MONTEREN:
i) Verwarm uw oven voor op 175°C.
j) Neem een klein deel van het deeg en vorm er een bal van. Maak de bal plat in je hand en plaats een kleine hoeveelheid dadelvulling in het midden.
k) Omsluit de vulling met het deeg en vorm het tot een gladde bal of een koepelvorm. Als je die hebt, kun je Mamoul- mallen gebruiken ter decoratie.
l) Plaats de gevulde koekjes op een bakplaat bekleed met bakpapier.
m) Bak gedurende 15-20 minuten of tot de bodem goudbruin is. De toppen mogen niet veel van kleur veranderen.
n) Laat de koekjes een paar minuten afkoelen op de bakplaat voordat je ze op een rooster legt om volledig af te koelen.

OPTIONEEL AFSTOFFEN:
o) Zodra de Mamoul- koekjes helemaal zijn afgekoeld, kun je ze bestrooien met poedersuiker.

87. Syrische Namora

INGREDIËNTEN:
- 200 g boter (gesmolten)
- 225 g suiker
- 3 kopjes (500 g) yoghurt
- 3 kopjes (600 g) griesmeel (2,5 kopjes grof griesmeel en 0,5 kopje fijn griesmeel)
- 3 eetlepels kokosnoot (fijn gedroogd)
- 2 theelepels bakpoeder
- 1 eetlepel rozenwater of oranjebloesemsuikersiroop

INSTRUCTIES:
SUIKERSIROOP:
a) Meng in een pan 1 kopje suiker, ½ kopje water en 1 theelepel citroensap.
b) Kook het mengsel gedurende 5 tot 7 minuten op middelhoog vuur en laat het vervolgens afkoelen.

NAMORA:
c) Meng gesmolten boter en suiker, klop tot alles goed gemengd is.
d) Voeg yoghurt toe aan het mengsel en klop opnieuw tot het volledig gemengd is.
e) Roer zowel grof als fijn griesmeel, bakpoeder, kokosnoot en rozenwater erdoor. Meng tot je een glad beslag krijgt.
f) Giet het beslag in cupcakevormpjes. Versier de cupcakes eventueel met amandelschilfers.
g) Bak het beslag in een voorverwarmde oven op 180 graden Celsius gedurende 15 tot 20 minuten of tot het goudbruin is.
h) Terwijl de cupcakes in de oven staan, maak je de suikersiroop klaar.
i) Zodra de cupcakes gebakken zijn, giet je de suikersiroop erover terwijl ze nog warm zijn. Hierdoor worden ze vochtig en smaakvol.

88.Syrische dadelbrownies

INGREDIËNTEN:
VOOR DE DATUMPASTE:
- 2 kopjes ontpitte dadels, bij voorkeur Medjool
- 1/2 kopje water
- 1 theelepel citroensap

VOOR HET BROWNIEBESLAG:
- 1/2 kop ongezouten boter, gesmolten
- 1 kopje kristalsuiker
- 2 grote eieren
- 1 theelepel vanille-extract
- 1/2 kopje bloem voor alle doeleinden
- 1/3 kopje ongezoet cacaopoeder
- 1/4 theelepel bakpoeder
- 1/4 theelepel zout
- 1/2 kop gehakte noten (walnoten of amandelen), optioneel

INSTRUCTIES:
DATUM Plakken:
a) Meng de ontpitte dadels en water in een kleine pan.
b) Breng aan de kook op middelhoog vuur en kook ongeveer 5-7 minuten of tot de dadels zacht zijn.
c) Haal van het vuur en laat het iets afkoelen.
d) Breng de verzachte dadels over naar een keukenmachine, voeg citroensap toe en mix tot je een gladde pasta krijgt. Opzij zetten.

BROWNIEBESLAG:
e) Verwarm uw oven voor op 175°C. Vet een bakblik in en bekleed het met bakpapier.
f) Klop in een grote mengkom de gesmolten boter en suiker samen tot alles goed gemengd is.
g) Voeg de eieren één voor één toe en klop goed na elke toevoeging. Roer het vanille-extract erdoor.
h) Zeef de bloem, cacaopoeder, bakpoeder en zout in een aparte kom.
i) Voeg geleidelijk de droge ingrediënten toe aan de natte ingrediënten en meng tot ze net gemengd zijn.
j) Spatel de dadelpasta en de gehakte noten (indien gebruikt) door het browniebeslag totdat het gelijkmatig verdeeld is.
k) Giet het beslag in de voorbereide bakvorm en verdeel het gelijkmatig.
l) Bak in de voorverwarmde oven gedurende 25-30 minuten of totdat een tandenstoker die in het midden wordt gestoken eruit komt met een paar vochtige kruimels.
m) Laat de brownies volledig afkoelen in de pan voordat je ze in vierkanten snijdt.
n) Optioneel: Bestrooi de afgekoelde brownies met cacaopoeder of poedersuiker ter decoratie.

89.Baklava

INGREDIËNTEN:
- 1 pakje filodeeg
- 1 kopje ongezouten boter, gesmolten
- 2 kopjes gemengde noten (walnoten, pistachenoten), fijngehakt
- 1 kopje kristalsuiker
- 1 theelepel gemalen kaneel
- 1 kopje honing
- 1/4 kopje water
- 1 theelepel rozenwater (optioneel)

INSTRUCTIES:
a) Verwarm de oven voor op 175°C.
b) Meng de gehakte noten in een kom met suiker en kaneel.
c) Leg een vel filodeeg in een ingevette bakvorm, bestrijk het met gesmolten boter en herhaal dit voor ongeveer 10 lagen.
d) Strooi een laagje van het notenmengsel over de filodeeg.
e) Ga door met het aanbrengen van laagjes filodeeg en noten totdat de ingrediënten op zijn en eindig met een toplaag filodeeg.
f) Snijd de baklava met een scherp mes in ruitvormige of vierkante vormen.
g) Bak gedurende 45-50 minuten of tot ze goudbruin zijn.
h) Terwijl de baklava aan het bakken is, verwarm je honing, water en rozenwater (indien gebruikt) in een pan op laag vuur.
i) Zodra de baklava klaar is, giet je er onmiddellijk het hete honingmengsel overheen.
j) Laat de baklava afkoelen voordat je hem serveert.

90. Halawet el Jibn (Syrische zoete kaasbroodjes)

INGREDIËNTEN:
- 1 kopje ricottakaas
- 1 kopje griesmeel
- 1/2 kopje suiker
- 1/4 kopje ongezouten boter
- 1 kopje melk
- 1 eetlepel oranjebloesemwater
- Geblancheerde amandelen ter garnering
- Versnipperd filodeeg om uit te rollen

INSTRUCTIES:
a) Meng ricottakaas, griesmeel, suiker, boter en melk in een pan.
b) Kook op middelhoog vuur, onder voortdurend roeren, tot het mengsel dikker wordt.
c) Haal van het vuur en roer het oranjebloesemwater erdoor.
d) Laat het mengsel afkoelen.
e) Neem kleine porties van het mengsel en wikkel ze in geraspt filodeeg, waardoor er kleine rolletjes ontstaan.
f) Garneer met geblancheerde amandelen.
g) Serveer deze zoete kaasbroodjes als een heerlijk dessert of naast je ontbijtbeleg.

91. Basbousa (griesmeelcake)

INGREDIËNTEN:
- 1 kopje griesmeel
- 1 kopje kristalsuiker
- 1 kopje yoghurt
- 1/2 kopje ongezouten boter, gesmolten
- 1 theelepel bakpoeder
- 1/4 kop gedroogde kokosnoot (optioneel)
- 1/4 kopje geblancheerde amandelen of pijnboompitten voor garnering

SIROOP:
- 1 kopje kristalsuiker
- 1/2 kopje water
- 1 eetlepel rozenwater
- 1 eetlepel oranjebloesemwater

INSTRUCTIES:
a) Verwarm de oven voor op 175°C.
b) Meng in een kom griesmeel, suiker, yoghurt, gesmolten boter, bakpoeder en gedroogde kokosnoot tot alles goed gemengd is.
c) Giet het beslag in een ingevette bakvorm.
d) Maak het oppervlak glad met een spatel en snijd het in ruitvormen.
e) Plaats een amandel- of pijnboomnoot in het midden van elke diamant.
f) Bak gedurende 30-35 minuten of tot ze goudbruin zijn.
g) Terwijl de cake aan het bakken is, bereidt u de siroop door suiker en water te koken totdat de suiker is opgelost.
h) Haal van het vuur en voeg rozenwater en oranjebloesemwater toe.
i) Als de cake klaar is, giet je de siroop erover terwijl deze nog warm is.
j) Laat de basbousa de siroop absorberen voordat je hem serveert.

92.Znoud El Sit (Syrisch roomgevuld gebakje)

INGREDIËNTEN:
- 10 vellen filodeeg
- 1 kopje zware room
- 1/4 kop kristalsuiker
- 1 theelepel rozenwater
- Plantaardige olie om te frituren
- Eenvoudige siroop (1 kopje suiker, 1/2 kopje water, 1 theelepel citroensap, gekookt tot stroperig)

INSTRUCTIES:
a) Klop in een kom de slagroom met suiker en rozenwater tot er stijve pieken ontstaan.
b) Snijd de filodevellen in rechthoeken (ongeveer 4x8 inch).
c) Plaats een eetlepel slagroom aan het ene uiteinde van elke rechthoek.
d) Vouw de zijkanten over de room en rol op als een sigaar.
e) Verhit plantaardige olie in een diepe pan en bak de gebakjes goudbruin.
f) Dompel de gebakken gebakjes in de bereide eenvoudige siroop.
g) Laat de znoud el afkoelen voordat je hem serveert.

93. Mafroukeh (dessert van griesmeel en amandel)

INGREDIËNTEN:
- 2 kopjes griesmeel
- 1 kopje ongezouten boter
- 1 kopje kristalsuiker
- 1 kopje volle melk
- 1 kopje geblancheerde amandelen, geroosterd en gehakt
- Eenvoudige siroop (1 kopje suiker, 1/2 kopje water, 1 theelepel oranjebloesemwater, gekookt tot stroperig)

INSTRUCTIES:
a) Smelt de boter in een pan en voeg griesmeel toe. Roer voortdurend tot ze goudbruin zijn.
b) Voeg suiker toe en blijf roeren tot alles goed gemengd is.
c) Voeg langzaam en al roerend de melk toe om klontjes te voorkomen. Kook tot het mengsel dikker wordt.
d) Haal van het vuur en roer de geroosterde en gehakte amandelen erdoor.
e) Druk het mengsel in een serveerschaal en laat het afkoelen.
f) Snij in ruitvormpjes en giet de bereide eenvoudige siroop over de mafrouke .
g) Laat het de siroop absorberen voordat u het serveert.

94. Galettes van rode paprika en gebakken eieren

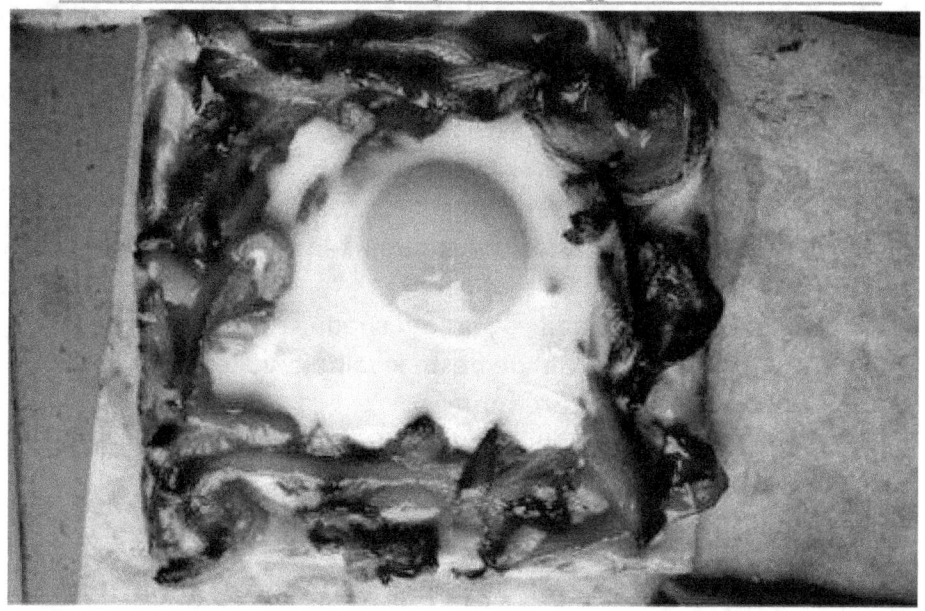

INGREDIËNTEN:
- 4 middelgrote rode paprika's, gehalveerd, zonder zaadjes en in reepjes van ⅜ inch / 1 cm breed gesneden
- 3 kleine uien, gehalveerd en in partjes van 2 cm breed gesneden
- 4 takjes tijm, blaadjes geplukt en fijngehakt
- 1½ theelepel gemalen koriander
- 1½ theelepel gemalen komijn
- 6 el olijfolie, plus extra om af te maken
- 1½ el bladpeterselie, grof gehakt
- 1½ el korianderblaadjes, grof gesneden
- 250 g bladerdeeg van de beste kwaliteit, volledig uit boter
- 2 eetlepels / 30 g zure room
- 4 grote vrije-uitloopeieren (of 160 g fetakaas, verkruimeld), plus 1 ei, lichtgeklopt
- zout en versgemalen zwarte peper

INSTRUCTIES:

a) Verwarm de oven voor op 210°C. Meng in een grote kom de paprika, uien, tijmblaadjes, gemalen kruiden, olijfolie en een flinke snuf zout. Verdeel ze over een braadpan en rooster ze gedurende 35 minuten, terwijl je tijdens het koken een paar keer roert. De groenten moeten zacht en zoet zijn, maar niet te knapperig of bruin, omdat ze dan verder garen. Haal het uit de oven en roer de helft van de verse kruiden erdoor. Proef of je op smaak bent en zet apart. Zet de oven op 220°C.

b) Rol het bladerdeeg op een licht met bloem bestoven oppervlak uit tot een vierkant van 30 cm (12 inch) van ongeveer 3 mm dik en snijd het in vier vierkanten van 15 cm (6 inch). Prik de vierkanten rondom in met een vork en plaats ze, goed verdeeld , op een bakplaat bekleed met bakpapier. Laat minimaal 30 minuten rusten in de koelkast.

c) Haal het deeg uit de koelkast en bestrijk de bovenkant en zijkanten met losgeklopt ei. Verdeel met behulp van een spatel of de achterkant van een lepel 1½ theelepel zure room over elk vierkantje, laat een rand van 0,5 cm rond de randen vrij. Verdeel 3 eetlepels van het pepermengsel over de met zure room belegde vierkanten en laat de randen vrij om te rijzen. Het moet redelijk gelijkmatig worden verdeeld, maar laat een ondiep kuiltje in het midden achter waar later een ei in kan.

d) Bak de galetten gedurende 14 minuten. Haal de bakplaat uit de oven en breek voorzichtig een heel ei in het kuiltje in het midden van elk gebakje. Zet terug in de oven en bak nog 7 minuten, tot de eieren net gestold zijn. Bestrooi met zwarte peper en de overige kruiden en besprenkel met olie. Serveer in één keer.

95.Kruidentaart

INGREDIËNTEN:
- 2 el olijfolie, plus extra voor het bestrijken van het deeg
- 1 grote ui, in blokjes gesneden
- 500 g snijbiet, stengels en bladeren fijn versnipperd maar apart gehouden
- 5 oz / 150 g selderij, in dunne plakjes gesneden
- 1¾ oz / 50 g groene ui, gehakt
- 50 g rucola
- 30 g platte peterselie, gehakt
- 1 oz / 30 g munt, gehakt
- ¾ oz / 20 g dille, gehakt
- 4 oz / 120 g anari- of ricottakaas, verkruimeld
- 100 g oude Cheddar-kaas, geraspt
- 60 g fetakaas, verkruimeld
- geraspte schil van 1 citroen
- 2 grote vrije-uitloopeieren
- ⅓ theelepel zout
- ½ theelepel versgemalen zwarte peper
- ½ theelepel superfijne suiker
- 250 g filodeeg

INSTRUCTIES:

a) Verwarm de oven voor op 200°C. Giet de olijfolie in een grote, diepe koekenpan op middelhoog vuur. Voeg de ui toe en bak 8 minuten zonder bruin te worden. Voeg de snijbietstengels en de bleekselderij toe en laat 4 minuten koken, af en toe roeren. Voeg de snijbietblaadjes toe, zet het vuur middelhoog en roer terwijl je 4 minuten kookt, tot de bladeren verwelken. Voeg de groene ui, rucola en kruiden toe en kook nog 2 minuten. Haal van het vuur en breng over naar een vergiet om af te koelen.

b) Zodra het mengsel is afgekoeld, knijp je er zoveel mogelijk water uit en doe je het in een mengkom. Voeg de drie kazen, de citroenschil, de eieren, het zout, de peper en de suiker toe en meng goed.

c) Leg een vel filodeeg klaar en bestrijk het met wat olijfolie. Dek af met een ander vel en ga op dezelfde manier verder tot je 5 lagen filodeeg hebt, ingesmeerd met olie, die allemaal een gebied bedekken dat groot genoeg is om de zijkanten en onderkant van een taartvorm van 22 cm te bekleden, plus extra om over de rand te hangen. . Bekleed de taartvorm met het deeg, vul met het kruidenmengsel en vouw het overtollige deeg over de rand van de vulling. Snijd het deeg indien nodig bij, zodat een rand van 2 cm ontstaat.

d) Maak nog een setje van 5 lagen filodeeg, ingesmeerd met olie, en leg deze over de taart. Verkruimel het deeg een beetje zodat er een golvende, ongelijke bovenkant ontstaat en snij de randen bij, zodat deze net de taart bedekken. Bestrijk ze met olijfolie en bak ze 40 minuten, tot het filodeeg mooi goudbruin kleurt. Haal het uit de oven en serveer warm of op kamertemperatuur.

96.Burekas

INGREDIËNTEN:
- 500 g bladerdeeg van de beste kwaliteit, volledig uit boter
- 1 groot vrije-uitloop ei, losgeklopt

RICOTTAVULLING
- ¼ kopje / 60 g kwark
- ¼ kopje / 60 g ricottakaas
- ⅔ kopje / 90 verkruimelde fetakaas
- 2 theelepels / 10 g ongezouten boter, gesmolten

PECORINOVULLING
- 3½ el / 50 g ricottakaas
- ⅔ kop / 70 g geraspte oude pecorinokaas
- ⅓ kopje / 50 g geraspte oude Cheddar-kaas
- 1 prei, in partjes van 5 cm gesneden, geblancheerd tot ze gaar zijn en fijngehakt (¾ kopje / 80 g in totaal)
- 1 eetl fijngehakte platte peterselie
- ½ theelepel versgemalen zwarte peper

ZADEN
- 1 theelepel nigellazaad
- 1 theelepel sesamzaadjes
- 1 theelepel geel mosterdzaad
- 1 theelepel karwijzaad
- ½ theelepel chilivlokken

INSTRUCTIES:

a) Rol het deeg uit in twee vierkanten van 30 cm, elk 3 mm dik. Leg de bladerdeegvellen op een met bakpapier beklede bakplaat (ze kunnen op elkaar rusten, met een vel bakpapier ertussen) en laat ze 1 uur in de koelkast staan.
b) Plaats elke set ingrediënten voor de vulling in een aparte kom. Meng en zet opzij. Meng alle zaden in een kom en zet opzij.
c) Snijd elk bladerdeegblad in vierkanten van 4 inch / 10 cm; je zou in totaal 18 vierkanten moeten krijgen. Verdeel de eerste vulling gelijkmatig over de helft van de vierkanten en schep deze in het midden van elk vierkant. Bestrijk twee aangrenzende randen van elk vierkant met ei en vouw het vierkant vervolgens dubbel om een driehoek te vormen. Duw eventuele lucht eruit en knijp de zijkanten stevig tegen elkaar. Je wilt de randen heel goed aandrukken, zodat ze niet opengaan tijdens het koken. Herhaal met de overige deegvierkantjes en de tweede vulling. Leg het op een met bakpapier beklede bakplaat en zet het minimaal 15 minuten in de koelkast om op te stijven. Verwarm de oven voor op 220°C.
d) Bestrijk de twee korte randen van elk deeg met ei en doop deze randen in het zaadmengsel; een kleine hoeveelheid zaden, slechts ⅙ inch / 2 mm breed, is alles wat nodig is, omdat ze behoorlijk dominant zijn. Bestrijk de bovenkant van elk bladerdeeg ook met wat ei, vermijd de zaadjes.
e) Zorg ervoor dat de gebakjes ongeveer 3 cm uit elkaar staan. Bak gedurende 15 tot 17 minuten, tot ze rondom goudbruin zijn. Serveer warm of op kamertemperatuur. Als tijdens het bakken een deel van de vulling uit de gebakjes morst, kunt u deze er voorzichtig weer in stoppen als ze voldoende zijn afgekoeld om te hanteren.

97.Graybeh

INGREDIËNTEN:

- ¾ kopje plus 2 eetlepels / 200 g ghee of geklaarde boter, uit de koelkast, zodat het stevig is
- ⅔ kopje / 70 g banketbakkerssuiker
- 3 kopjes / 370 g bloem voor alle doeleinden, gezeefd
- ½ theelepel zout
- 4 theelepels oranjebloesemwater
- 2½ theelepel rozenwater
- ongeveer 5 eetlepels / 30 g ongezouten pistachenoten

INSTRUCTIES:

a) In een keukenmixer voorzien van een zweepopzetstuk, meng je de ghee en de suiker van de banketbakker gedurende 5 minuten, tot het luchtig, romig en bleek is. Vervang de zweep door het klopperopzetstuk, voeg de bloem, het zout, de oranjebloesem en het rozenwater toe en meng ruim 3 tot 4 minuten, tot er een uniform, glad deeg ontstaat.

b) Wikkel het deeg in plasticfolie en laat het 1 uur afkoelen.

c) Verwarm de oven voor op 180°C. Knijp een stuk deeg, met een gewicht van ongeveer ½ oz / 15 g, en rol het tot een bal tussen je handpalmen. Druk het een beetje plat en leg het op een bakplaat bekleed met bakpapier. Herhaal met de rest van het deeg, plaats de koekjes op beklede vellen en plaats ze goed uit elkaar. Druk 1 pistache in het midden van elk koekje.

d) Bak gedurende 17 minuten en zorg ervoor dat de koekjes geen kleur aannemen, maar gewoon doorkoken. Haal uit de oven en laat volledig afkoelen.

e) Bewaar de koekjes maximaal 5 dagen in een luchtdichte verpakking.

98.Mutabbaq

INGREDIËNTEN:
- ⅔ kopje / 130 g ongezouten boter, gesmolten
- 14 vellen filodeeg, 31 bij 39 cm
- 2 kopjes / 500 g ricottakaas
- 250 g zachte geitenkaas
- gemalen ongezouten pistachenoten, om te garneren (optioneel)
- SIROOP
- 6 eetlepels / 90 ml water
- afgeronde 1⅓ kopjes / 280 g superfijne suiker
- 3 eetlepels vers geperst citroensap

INSTRUCTIES:
a) Verwarm de oven tot 230°C. Bestrijk een bakplaat met een ondiepe rand van ongeveer 28 bij 37 cm met een deel van de gesmolten boter. Leg er een vel filodeeg op, stop het in de hoeken en laat de randen overhangen. Bestrijk het geheel met boter, leg er nog een vel op en bestrijk het opnieuw met boter. Herhaal het proces totdat je 7 vellen gelijkmatig gestapeld hebt, elk bestreken met boter.
b) Doe de ricotta en geitenkaas in een kom en prak alles met een vork fijn. Verdeel het over het bovenste filovel en laat 2 cm vrij rond de rand. Bestrijk het oppervlak van de kaas met boter en beleg met de overige 7 vellen filodeeg. Bestrijk elk velletje om de beurt met boter.
c) Gebruik een schaar om ongeveer 2 cm van de rand af te snijden, maar zonder de kaas te bereiken, zodat deze goed in het deeg blijft zitten. Gebruik je vingers om de randen van het filodeeg voorzichtig onder het deeg te duwen, zodat je een mooie rand krijgt. Bestrijk het geheel met meer boter. Gebruik een scherp mes om het oppervlak in vierkanten van ongeveer 7 cm te snijden, zodat het mes bijna de bodem kan bereiken, maar niet helemaal. Bak gedurende 25 tot 27 minuten, tot ze goudbruin en knapperig zijn.
d) Terwijl het deeg bakt, bereidt u de siroop. Doe het water en de suiker in een kleine pan en meng goed met een houten lepel. Zet op middelhoog vuur, breng aan de kook, voeg het citroensap toe en laat 2 minuten zachtjes koken. Haal van het vuur.
e) Giet de siroop langzaam over het deeg zodra je het uit de oven haalt, en zorg ervoor dat het gelijkmatig intrekt. Laat 10 minuten afkoelen. Bestrooi eventueel met de gemalen pistachenoten en snijd ze in porties.

99.Sherbat

INGREDIËNTEN:
- 1 liter Melk
- 1 kopje suiker
- 1/2 kop Crème
- Enkele druppels Vanille Essence
- 1 theelepel gesneden amandelen
- 1 theelepel gesneden pistachenoten
- 1 eetlepel vanillevla
- 1 snufje Saffraan

INSTRUCTIES:
a) Kook de melk in een pan.
b) Voeg suiker, room, vanille-essence, vanillevla, saffraan, gesneden amandelen en gesneden pistachenoten toe aan de kokende melk.
c) Kook het mengsel op laag vuur tot de melk dikker wordt. Roer voortdurend om te voorkomen dat het aan de bodem blijft plakken.
d) Haal de pot van het vuur en laat de sherbat afkoelen tot kamertemperatuur.
e) Eenmaal afgekoeld, zet u het mengsel in de koelkast om goed af te koelen.
f) Sherbat is nu klaar om geserveerd te worden.
g) Giet de gekoelde sherbat in glazen en garneer indien gewenst met extra gesneden amandelen en pistachenoten.

100. Qamar al-Din-pudding

INGREDIËNTEN:
- 1 kop gedroogde abrikozenpasta (Qamar al-Din)
- 4 kopjes water
- 1/2 kopje suiker (aanpassen aan smaak)
- 1/4 kopje maizena
- 1 theelepel oranjebloesemwater (optioneel)
- Gehakte noten ter garnering

INSTRUCTIES:
a) Los de abrikozenpasta in een pan op middelhoog vuur op in water.
b) Voeg suiker toe en roer tot het is opgelost.
c) Meng in een aparte kom maizena met een kleine hoeveelheid water tot een gladde pasta ontstaat.
d) Voeg geleidelijk de maïzenapasta toe aan het abrikozenmengsel, onder voortdurend roeren tot het dikker wordt.
e) Haal van het vuur en roer er eventueel oranjebloesemwater door.
f) Giet het mengsel in serveerschalen en laat het afkoelen.
g) Zet in de koelkast tot het is ingesteld.
h) Garneer voor het serveren met gehakte noten.

CONCLUSIE

Terwijl we onze smaakvolle reis door "Bethlehem: een moderne kijk op de Palestijnse keuken" afsluiten, hopen we dat je het plezier hebt ervaren van het ontdekken van de hedendaagse smaken die voortkomen uit het hart van Palestina. Elk recept op deze pagina's is een eerbetoon aan de versheid, kruiden en gastvrijheid die de Palestijnse gerechten kenmerken - een bewijs van het rijke scala aan smaken die de keuken zo geliefd maken.

Of je nu hebt genoten van het comfort van maqluba, de verscheidenheid aan mezze hebt omarmd of je hebt overgegeven aan de zoetheid van inventieve desserts, wij vertrouwen erop dat deze recepten je passie voor de Palestijnse keuken hebben aangewakkerd. Moge het concept van een moderne kijk op de Palestijnse keuken, afgezien van de ingrediënten en technieken, een bron worden van verbinding, feest en waardering voor de culinaire tradities die mensen samenbrengen.

Moge "Bethlehem" uw vertrouwde metgezel zijn terwijl u de wereld van de Palestijnse keuken blijft verkennen en u door een verscheidenheid aan gerechten leiden die de essentie van Palestina weergeven. Hier is het genieten van de gedurfde en genuanceerde smaken, het delen van maaltijden met dierbaren en het omarmen van de warmte en gastvrijheid die de Palestijnse keuken definiëren. Sahtein!

www.ingramcontent.com/pod-product-compliance
Lightning Source LLC
Chambersburg PA
CBHW071321110526
44591CB00010B/974